Christoph Möllers

DAS GRUNDGESETZ

Geschichte und Inhalt

Verlag C. H. Beck

Originalausgabe

Gesamtherstellung: Druckerei C. H. Beck, Nördlingen
Umschlagentwurf: Uwe Göbel, München
Printed in Germany
ISBN 978 3 406 56270 9

www.beck.de

Den Freunden der Münchner Zeit

Inhalt

Für zahlreiche Anregungen und Korrekturen danke ich Michael Heinig, Oliver Lepsius, Anna Lutz-Bachmann und Marita Möllers.

Eine Besinnung zu Beginn: Was «ist» das Grundgesetz?

«Grundgesetz» – ist im Deutschen ein eigenartiger Begriff für eine Verfassung, einen «klanglosen Namen» nannte ihn der Politikwissenschaftler Dolf Sternberger. In den Vorverhandlungen der Jahre 1948/49 wurde er auf der Suche nach einer Bezeichnung wohl vom sozialdemokratischen Hamburger Bürgermeister Max Brauer vorgeschlagen. Welche Geschichte ist zu erzählen, welcher Gegenstand zu beschreiben, wenn man eine Einführung in das «Grundgesetz» geben will? Hinter diesen scheinbar trivialen Fragen stecken sehr umstrittene Probleme.

Das «Grundgesetz für die Bundesrepublik Deutschland», ein im Bundesgesetzblatt des Jahres 1949 auf der Seite 1 veröffentlichter Text, ist etwas anderes als das Regierungssystem eben dieses Staates, und doch ist das eine nicht ohne den anderen zu denken. Das Grundgesetz ist ein Text und es ist eine Norm. Die Fragen, wie aus einem Text eine Norm wird, ob sich die Normen des Grundgesetzes oder eines anderen Gesetzes allein auf Rechtstexte zurückführen lassen und welche Spuren Normen in der Praxis einer politischen Gemeinschaft hinterlassen, gehören zu den schwierigsten und umstrittensten der Rechtsphilosophie und der Verfassungstheorie. Diese Fragen sind hier nicht zu beantworten, doch soll an sie im Eingang unserer Darstellung erinnert werden: zum einen, um zu zeigen, dass der scheinbar so selbstverständliche Titel dieses kleinen Buches seinen möglichen Inhalt keineswegs einfach und eindeutig festlegt, zum anderen, um seinem Autor Gelegenheit zu geben, den Lesern über seinen persönlichen Zugang zu diesem Buch Rechenschaft abzulegen.

Das Grundgesetz wird hier zunächst einmal als ein *Text* verstanden, ein Text, dessen Lektüre jedem offensteht, der sich einen Eindruck davon machen möchte, in welcher Ordnung er lebt. Eine solche Lektüre in der «offenen Gesellschaft der Verfassungsinterpreten» (Peter Häberle) gehört zu einer Demokratie, in der die Bürgerinnen und Bürger nur sich selbst haben, um zu bestimmen, wie die eigene politische Ordnung gestaltet und wie die eigene Verfassung zu lesen ist. Nun ist nicht jedes Verständnis eines Textes gleich überzeugend und ein ungeübter Leser verwandelt sich durch aufmerksames Studium nicht von selbst in einen Verfassungsrechtler oder gar in das Bundesverfassungsgericht. Auch ist das Grundgesetz jedenfalls in seiner Urfassung zwar ein in schöner schlichter Sprache gehaltener, aber deswegen noch nicht einfach zu verstehender Text. Das Grundgesetz bringt uns – und hier liegt ein schwieriger, aber unvermeidlicher Widerspruch des demokratischen Verfassungsrechts – zugleich einen Text für alle und einen solchen für Experten – durchaus einem bleibenden Stück Literatur vergleichbar, das professionelle Interpreten ebenso zu beschäftigen vermag wie neugierige Leser. Etwas von der technisch richtigen Lektüre des Grundgesetzes zu vermitteln, ohne dadurch den Lesern den Eigensinn des ersten Lesens abzugewöhnen, wäre ein Ziel dieses Buches. Denn letztlich bleibt das Grundgesetz ihr, unser Text.

Das Grundgesetz ist aber auch eine *Norm*, eine Institution. Es beschreibt, wie die politische Ordnung sein soll – und seine Normativität hat mit seiner Beschaffenheit als ein Text durchaus viel zu tun. Eine Norm muss zwar nicht aus einem geschlossenen Text bestehen, wir kennen zumindest eine politische Ordnung ohne geschriebene Verfassung, diejenige Großbritanniens. Doch dürfte die Abwesenheit eines Verfassungstextes die Normativität der Verfassung, in diesem Fall der gesammelten Traditionen der britischen politischen Praxis, beschränken. Denn eine Verfassung, die sich nicht in einem Text materialisiert, sondern auf Traditionen und Gewohnheiten verweist, zieht die Grenze zwischen Norm und Wirklichkeit weniger deutlich als eine geschriebene Verfassung. Anders gesagt: Der Text des Grundgesetzes ermöglicht es uns, der gesellschaftlichen und politischen Realität Kriterien entgegenzusetzen – und zwar nicht nur als Gericht, sondern auch als Bürger, die sich die Frage stellen, was denn «Alle Staatsgewalt geht vom Volke aus.» bedeutet und inwieweit diese Norm sich in Deutschland auch verwirklicht findet. Abweichungen zwischen einer Norm und der Realität sind keineswegs etwas Pathologisches, sie machen die Norm erst zur Norm, die sich andernfalls gar nicht von der Realität unterscheiden ließe. Für das Grundgesetz bedeutet das: Die Lektüre seiner Normen muss dazu dienen, Realitäten zu kritisieren, nicht aber die Verfassung als «falsches Versprechen» zu entlarven. Die Versprechen einer demokratischen Verfassung sollen nicht als beständiger Quell der Enttäuschung dienen, so lesen gerade Ungeübte gern das Grundgesetz, sondern als ein Ansporn, die Ordnung weiterzuentwickeln.

Diese Überlegungen werden für den Aufbau dieses Buches Konsequenzen haben, und zwar konkret für seine beiden zentralen Kapitel: Im Anschluss an eine Einführung zu Vorgeschichten und Entstehung des Grundgesetzes (I.) soll im folgenden Teil das Grundgesetz *als Text* vorgestellt werden, also die Perspektive eines Erstlesers eingenommen werden, um Aufbau, Struktur und einige zentrale Aussagen besser verstehen zu können (II.). Dem folgt die Vorstellung des Grundgesetzes *als Norm*, also als ein Faktor in unserer politischen und gesellschaftlichen Ordnung. Dieser Abschnitt bettet das Grundgesetz in eine kleine Geschichte der Bundesrepublik ein (III.). Dem wird sich ein kurzer Abschnitt zur Verfassungs*kultur* des Grundgesetzes anschließen (IV.). Der letzte Abschnitt stellt einige aktuelle Herausforderungen an das Grundgesetz vor (V.). Systematische und historische Fragen sind in der Darstellung des Buches unvermeidlich miteinander zu verschränken.

I. Vorgeschichten und Entstehung

1. Vorgeschichten

Auch verfassungsrechtlich hat es in Deutschland eine «gute alte Zeit» nie gegeben. Wer sie im 19. Jahrhundert sucht, muss politische Freiheit für eine Nebensache halten.

Das lange 19. Jahrhundert

Die Geschichte geschriebener Verfassungen beginnt mit den demokratischen Revolutionen in den Vereinigten Staaten und Frankreich am Ende des 18. Jahrhunderts. Diese geben der Idee der Verfassung eine andere Bedeutung. Verfassungen sind nunmehr einheitliche Urkunden, die die Gründung einer neuen demokratischen Ordnung dokumentieren. Für die zersplitterte deutsche Staatenwelt an der Wende vom 18. zum 19. Jahrhundert ist diese Erfindung aber nur in Teilen eine politische Option. Im Gefolge der napoleonischen Besetzung werden geschriebene Verfassungen zu einem Kennzeichen der Modernisierung, das sich seit den 1810er Jahren langsam auch in Deutschland durchzusetzen beginnt: ein Prozess, der sich durch das ganze 19. Jahrhundert zieht. Allerdings sind die geschriebenen Verfassungen in Deutschland nicht Ausdruck einer demokratischen Neugründung. Die im Laufe des Jahrhunderts in Kraft tretenden Verfassungen funktionieren vielmehr unter den Bedingungen der fortgesetzten Monarchie als eine Art von Vertrag zwischen dem Monarchen und seinen Untertanen, in dem der nach wie vor Souveränität beanspruchende Monarch sich selbst zur Einhaltung bestimmter Regeln verpflichtet. Es ist der Grundwiderspruch der konstitutionellen Monarchie, dass der Monarch zu einem Teil der verfassungsmäßigen Ordnung wird, diese Ordnung jedoch seinem eigenen Anspruch nach jederzeit aushebeln kann. Dieser Widerspruch wird die deutsche Verfassungsgeschichte bis zum Ersten Weltkrieg beschäftigen. Institutionell kommt er im Widerstreit zwischen bürgerlichem Repräsentationsorgan, also dem Parlament, und monarchischer Verwaltung zum Ausdruck, deren Konflikte durch politische Durchsetzungsstärke, nicht durch Recht – und das bedeutet zugunsten des Monarchen – entschieden wurden.

Für die Mütter und Väter des Grundgesetzes taugten die deutschen Verfassungen des 19. Jahrhunderts daher nur sehr bedingt als Vorbild. Elemente, die das Grundgesetz auszeichnen, wie die parlamentarische Verantwortlichkeit der Regierung, die – im 19. Jahrhundert außerhalb der USA allerdings unübliche – gerichtliche Kontrolle von Grundrechten gegenüber dem Gesetzgeber oder die Formulierung von Verfassungsprinzipien finden sich in diesen Verfassungen nicht. Die Verfassungen der deutschen Länder sind zumeist Organisationsstatute, häufig ohne einen eigenen Grundrechtsteil. Da dem europäischen 19. Jahrhundert die Institution der Verfassungsgerichtsbarkeit weitgehend fremd ist, kann man von einem «Vorrang der Verfassung» in einem modernen Sinne, wie wir ihn für das Grundgesetz kennenlernen werden, nicht sprechen (S. 62). Die Grundrechte sind im 19. Jahrhundert keine Garantien, die dem Gesetzgeber entgegengehalten werden können. Im Konflikt zwischen liberalen Parlamenten und monarchischer Verwaltung müssen sie vielmehr in Form des Gesetzes politisch durchgesetzt werden, um die Exekutive zu binden. So finden sich die Grundrechte des 19. Jahrhunderts in den Pressegesetzen oder der Gewerbeordnung. Entsprechend konnten diese Garantien vom Parlament, wenn sich Mehrheiten fanden, auch wieder zurückgenommen werden wie in den Bismarckschen Sozialistengesetzen.

Die lakonische Sprache des Grundgesetzes kann man immerhin in diese Epoche zurückverfolgen. In der Verfassung des Kaiserreichs, der ersten Verfassung eines deutschen Nationalstaates, entdecken wir auch andere Elemente, die uns bekannt vorkommen: Von der Bezeichnung des Chefs der Reichsleitung als «Kanzler», die ihrerseits aus dem Alten Reich kommt, bis zum Nebeneinander eines Reichstages und eines Bundesrates in der

Gesetzgebung finden sich viele begriffliche Elemente im Grundgesetz wieder.

Auf der Suche nach Vorbildern für das Grundgesetz in der deutschen Verfassungsgeschichte des 19. Jahrhunderts wird man allein die Verfassung der Paulskirche nennen können: Dieses in der Revolution 1848/49 gescheiterte Projekt diente beiden deutschen demokratischen Verfassunggebungen in Weimar wie in Bonn als ein Orientierungspunkt. Liest man diese Verfassung heute, so wirkt sie erstaunlich modern, orientiert an den konstitutionellen Monarchien ihrer Zeit, wie denen in Belgien und England, vor allem aber an der Verfassung der Vereinigten Staaten. Zwar konnte sich auch die Paulskirchenverfassung nicht zur Einführung der parlamentarischen Verantwortung der Regierung durchringen. Damit bleibt sie dem Dualismus zwischen monarchischer Exekutive und demokratischem Gesetzgeber verhaftet. Andere Regelungen, wie die moderne Formulierung des Grundrechtskatalogs und die Vorwegnahme ihrer gerichtlichen Überprüfung, sind aber wegweisend, auch wenn der hier zu bemerkende Vorsprung rechtsstaatlicher vor demokratischen Institutionen seinerseits für die deutsche Verfassungsgeschichte typisch ist.

Der wesentliche Einfluss auf das Grundgesetz entstammt weniger den Verfassungen des 19. Jahrhunderts als der deutschen rechtsstaatlichen Tradition: die zentrale Rolle des Gesetzes für das Handeln der Verwaltung, insbesondere als Grundlage für Eingriffe in «Freiheit und Eigentum», die intensive gerichtliche Kontrolle der Verwaltung, die Entwicklung des Verhältnismäßigkeitsmaßstabes (S. 74), die relativ weitgehende Unabhängigkeit der Justiz. All diese Errungenschaften wird das Grundgesetz in Verfassungsrang erheben.

Weimarer Republik und Nationalsozialismus

Zu Unrecht genießt die Weimarer Reichsverfassung nach wie vor einen schlechten Ruf. Es handelte sich um eine sehr gut gemachte Verfassung, die das Grundproblem der Weimarer Politik, die fehlende Beliebtheit des parlamentarischen Regierungssystems bei der Mehrheit der deutschen Bevölkerung, scharf erkannte und konstruktiv zu lösen versuchte: mit der gleichzeitigen Einrichtung einer parlamentarischen Regierung einerseits und einem starken, direkt gewählten Reichspräsidenten und Volksabstimmungen andererseits. Das System der Weimarer Reichsverfassung stellte also repräsentative und direkte demokratische Legitimation nebeneinander. Dies war eine bemerkenswerte institutionelle Lösung, die wir heute noch in vielen Verfassungen der Welt, etwa der geltenden französischen, wiederentdecken können, wenn sie auch später für das Grundgesetz bewusst abgelehnt wurde. Zu diesem Organisationsmodell kam eine moderne Konzeption von Grundrechten, die keinesfalls nur – wie oft behauptet wird – als «Programmsätze» dienten, sondern die Gesetzlichkeit und gerichtliche Überprüfbarkeit des Verwaltungshandelns sicherstellten. Solche Errungenschaften verleihen der Weimarer Reichsverfassung einen eigenen Wert, den wir nicht nur von seinem Ende her verstehen dürfen. Wir sollten die Weimarer Reichsverfassung nicht daran messen, dass sie – wie fast alle europäischen Demokratien der Zwischenkriegszeit – gescheitert ist. Vielmehr sollten wir sie als ein verfassungspolitisches Experiment auf hohem Niveau würdigen, von dem sich etwas lernen lässt – und zwar nicht nur, wie die Väter und Mütter des Grundgesetzes meinten, im Negativen, sondern auch im Positiven. Nicht zuletzt ist die Weimarer Reichsverfassung die erste und bis zum Grundgesetz einzige geltende demokratische Ordnung in Deutschland gewesen. Damit steht sie im Zentrum unseres dürftigen demokratischen Traditionsbestandes, zu dessen verfassungsrechtlich ermöglichten Fortschritten das Frauenwahlrecht, die Reformen des Strafrechts, der Jugendfürsorge, des Finanzverfassungsrechts, des Sozialrechts oder auch ein so unbekanntes Element wie die Schaffung einer modernen Geschäftsordnung der Reichsregierung gehören. All diese Errungenschaften zählen genauso zur klassischen Moderne der Weimarer Republik wie die Bauhaus-Kultur oder das experimentelle Theater.

Die Erinnerung an diese Institutionen und an die Theoretiker und Praktiker des Weimarer Verfassungsrechts müsste eigentlich Teil einer funktionierenden demokratischen Verfassungskultur der Bundesrepublik sein – und so bleibt es irritierend, dass die Erinnerung an Rosa Luxemburg, immerhin eine Gegnerin der repräsentativen Demokratie, gepflegt wird, nicht aber diejenige an Hugo Preuß, den Schöpfer der Weimarer Reichsverfassung, einen hoch produktiven liberalen Staatsrechtler, dem das Kaiserreich die akademische Anerkennung verweigert hatte und dem erst die Weimarer Republik die Chance gab, eine Position als Professor zu bekommen.

Der Nationalsozialismus und seine Deutungen

Mit der Abschaffung von Individualismus und Parlamentarismus beendete der Nationalsozialismus die Weimarer Ordnung. Zugleich funktionierten Teile des Rechtssystems, wie die Zivilgerichtsbarkeit, weiter – und wurden, wenn es notwendig war, durch politische Einflussnahme oder richterliche Selbstgleichschaltung den Anforderungen des Systems angepasst.

Der Nationalsozialismus diente, wie wir sehen werden, den Schöpfern des Grundgesetzes deshalb als negative Folie, als eine Art Anti-Verfassung. Die Verhinderung einer weiteren deutschen Diktatur war das entscheidende Anliegen sowohl der Alliierten als auch der Mitglieder des Parlamentarischen Rates. Einen unmittelbaren Einfluss konnte der Nationalsozialismus auf das Grundgesetz trotz zahlreicher personaler und sozialer Kontinuitäten nicht nehmen. Wichtig für das Grundgesetz blieb allerdings die Frage, wie der nationalsozialistische Umbau der Rechtsordnung zu verstehen war: Handelte es sich dabei um die gedankenlose Anwendung gesetzter Regeln durch Beamte und Richter ohne moralisches Bewusstsein? Diese Deutung herrschte in der Nachkriegszeit vor. Sie diente nicht zuletzt der Selbstrechtfertigung der Justiz, die darauf verweisen wollte, dass nur die strenge Beachtung des Gesetzesgehorsams sie zu Gehilfen des Regimes gemacht habe. Als Lehre bot sich eine moralische Aufladung des positiven Rechts an, das aus naturrechtlichen oder «überpositiven» Elementen bestehen sollte. Der politisch belastete BGH vertrat diese Deutung. Das Bundesverfassungsgericht benutzte den Begriff «überpositives Recht» dagegen nur in einer seiner ersten Entscheidungen, um fortan auf ihn zu verzichten. Heute wissen wir aus der historischen Forschung genauer, dass die Rechtsprechung im Nationalsozialismus keineswegs strikt mit dem Gesetzeswortlaut umging, sondern eine eigene Kreativität im Umgang mit dem Gesetzestext entwickelte, wenn es darum ging, politisch oder rassisch verfolgte Prozessparteien zu diskriminieren. Die nationalsozialistische Ideologie nahm eben auch für sich in Anspruch, überpositives Recht zu sein. Zudem war es ein erstaunlicher Gedanke, aus Erfahrungen mit dem Nationalsozialismus Lehren für den Umgang mit dem demokratischen Gesetzgeber ziehen zu wollen. Die im Grundgesetz ausdrücklich angeordnete Gesetzesbindung der Gerichte zieht ihre Rechtfertigung doch gerade aus der demokratischen Legitimation des Gesetzgebers.

2. Vorentscheidungen

Am Anfang waren die Länder. Schon sehr bald nach der Kapitulation des Deutschen Reiches hatten die Alliierten in Deutschland mit allen drei Staatsgewalten ausgestattete Länder errichtet, die sich eine Verfassung gaben und freie und gleiche Parlamentswahlen abhielten. Die Ministerpräsidenten dieser Länder waren die wichtigsten politischen Ansprechpartner der Alliierten und im spannungsreichen Dialog zwischen beiden entstand die Institution, die das Grundgesetz entwerfen sollte. Mit der Intensivierung des Konflikts zwischen den Westmächten und der sowjetisch besetzten Zone erwuchs die Notwendigkeit, eine gemeinsame Ordnung im Westen zu definieren. Für die westlichen Alliierten standen einige Grundentscheidungen einer kommenden deutschen Verfassung fest: Diese sollte eine demokratische und gewaltengeteilte Form erhalten und eine unabhängige Justiz. Vor allem die Amerikaner legten zudem großen Wert auf eine föderale Staatsorganisation.

Herrenchiemseer Entwurf

Im August 1948 trafen sich auf Initiative der Ministerpräsidenten der Westzone, konkret auf Einladung des Bayerischen Ministerpräsidenten Hans Ehard, Politiker, Beamte und Verfassungsrechtler auf der Herreninsel im Chiemsee, um Möglichkeiten einer Verfassunggebung zu diskutieren. Jedes der betroffenen 11 Länder konnte einen Bevollmächtigten entsenden. Deren Mitarbeiter und weitere Sachverständige beteiligten sich an den Diskussionen. Manche einflussreichen Mitglieder des Parlamentarischen Rates nahmen an den Beratungen teil wie etwa Adolf Süsterhenn und Carlo Schmid (S. 29).

Der Entwurf sollte als eine inoffizielle Vorlage für den Parlamentarischen Rat dienen. Die grundlegende Frage nach einer westdeutschen Staatsgründung blieb in der Debatte offen. Gerade für den Freistaat Bayern war der Konvent aber auch als ein politisches Vehikel gedacht, um eine stark föderale, wenig zentralisierte Ordnung durchzusetzen. Die Einrichtung eines dreiköpfigen «Bundespräsidiums», bestehend aus dem Bundeskanzler und den Präsidenten von Bundestag und Bundesrat, ist ein Beispiel für diesen Ansatz: Regelungen für ein echtes Staatsoberhaupt sollten vermieden werden.

Insgesamt erhielt die Arbeit des Konvents in der zeitgenössischen Öffentlichkeit keine besonders positive Resonanz. Das Ergebnis wurde als wenig relevant eingestuft, die Arbeit der Mitglieder an dem idyllischen Ort von der Presse verspottet. Liest man den sogenannten «Herrenchiemseer Entwurf» allerdings heute, so fallen die Ähnlichkeiten zum Grundgesetz sofort ins Auge: Der Entwurf beginnt mit den Grundrechten, die ihrerseits mit einer Vorform der Menschenwürdegarantie anfangen. Die Gliederung des Textes entspricht in vielem derjenigen des Grundgesetzes, sogar die Formulierungen einzelner Vorschriften entsprechen sich zum Teil vollständig, zum Beispiel Art. 24 Abs. 1 HerrChE und Art. 24 Abs. 1 GG. Viele wichtige Fragen – wie die Beteiligung der Länder an der Gesetzgebung des Bundes – wurden in unterschiedlichen Varianten offengelassen.

Alles in allem sah der Entwurf, wie von Bayern gewünscht, eine starke Rolle der Länder vor.

Trotzdem diente er den Mitgliedern des Parlamentarischen Rates durchgehend als ein Orientierungspunkt und prägte dadurch Systematik und sprachlichen Duktus des Grundgesetzes wie kein anderer Vorläufertext. Nicht selten waren im Parlamentarischen Rat Entscheidungen zu treffen, für die durch den Herrenchiemseer Entwurf bereits Formulierungsalternativen zur Verfügung standen. Dies macht das in knapp drei Wochen von so wenigen Personen erstellte Dokument zu einer bemerkenswerten Errungenschaft.

Das Grundgesetz als Provisorium?

Viele Ministerpräsidenten zögerten jedoch, den drei westlichen Besatzungszonen eine eigene verfassungsrechtliche Ordnung zu geben, zum einen, weil sie die sowjetische Zone nicht von der Neuentstehung Deutschlands ausschließen wollten, zum anderen, weil sie der Meinung waren, eine echte Verfassunggebung könne nur in souveräner Selbstbestimmung, nicht aber gleichsam unter der Aufsicht der Alliierten geschehen. Je dringlicher diese Anliegen empfunden wurden, desto stärker war der Widerstand, die entstehende Ordnung als «Verfassung» und damit als etwas mehr oder weniger Endgültiges anzuerkennen. Je pragmatischer die Beteiligten diese Fragen sahen, desto eher waren sie dagegen bereit, sich auf eine Verfassunggebung einzulassen und diese auch als solche zu bezeichnen. Grundsätzlich dachten die Sozialdemokraten «nationaler» und standen daher der Entwicklung skeptischer gegenüber, dies gilt namentlich für Carlo Schmid (S. 30). Die christdemokratischen Ländervertreter dagegen waren föderaler ausgerichtet und befürworteten einerseits eine schwächere Zentralgewalt, andererseits unterstützten sie den Vorgang einer westdeutschen Verfassunggebung eindeutiger. Wichtige Vermittler in diesem Konflikt waren dabei zwei sozialdemokratische Bürgermeister: Ernst Reuter aus Berlin machte auf dem zweiten Treffen der Ministerpräsidenten im Juli 1948 in Niederwald deutlich, dass das Entstehen eines demokratischen Ordnungsmodells im Westen die einzige Möglichkeit war, das Verhältnis mit dem Osten zu klären – und zumindest einen Teil seiner Stadt demokratisch zu halten. Max Brauer, der Hamburger Regierende Bürgermeister, schlug schließlich einen Namen für die Verfassung vor, die so nicht heißen durfte: das Grundgesetz. Den westlichen Alliierten, die schon wegen der Expansion der Sowjetunion auf eine echte Staatsgründung drängten, war das eigentlich zu wenig. So übersetzten die Deutschen den Ausdruck einfach mit «loi basique constitutionelle» oder mit «basic constitutional law», um mehr zu suggerieren, als gemeint war. Der erste Entwurf einer Präambel des Grundgesetzes überschlug sich denn auch darin, die Bedeutung des nachfolgenden Textes zu relativieren. Ein zeitgenössischer Journalist kommentierte: «Ich kenne keine Verfassungseinleitung, die mit größerem Nachdruck den ihr folgenden Inhalt entwertet.» Im Laufe der Zeit wurde auch den skeptischsten Beobachtern klar, dass hier ein Text entstand, der als solcher ungeachtet der Rechtslage Deutschlands in der Sache von anderen Staatsverfassungen nicht zu unterscheiden war – ein Eindruck, der sich allerspätestens im Moment der Wiedervereinigung 1989/90 als richtig erwiesen hat.

Entstammt die Bezeichnung als Grundgesetz dem Bedürfnis, ein Provisorium zu bezeichnen, so wird man sich allerdings im Nachhinein die Frage stellen, ob die Sorge der Deutschen, eine endgültige Entscheidung zu vermeiden, um Ostdeutschland nicht auszuschließen, nicht ihrerseits Ausdruck eines sehr spezifischen Verfassungsverständnisses war. Für die Franzosen, die mittlerweile in der IV. Republik lebten, wie für die Amerikaner, deren Verfassunggebung wohl nie als etwas Endgültiges gedacht war, blieben die begrifflichen Probleme der Ministerpräsidenten wohl auch deswegen so schwer verständlich, weil demokratische Verfassungen streng genommen immer einen provisorischen Charakter haben. Die Vorstellung, dass die Verfassunggebung in einer Demokratie, in der ja eine selbstbestimmte Generation auf die nächste folgen soll, eigentlich niemals endet – niemand hat sie so deutlich formuliert wie Thomas Jefferson –, blieb den stärker rechtsstaatlich geprägten deutschen

Nachkriegspolitikern fremd. Spätestens nach der Wiedervereinigung ist es vollends sinnlos geworden, das Grundgesetz als Provisorium zu verstehen – oder genauer es für provisorischer zu halten als irgendeine andere demokratische Ordnung.

3. Der Parlamentarische Rat

Zusammensetzung und Organisation

Über den Parlamentarischen Rat weiß die Forschung viel, aber in das allgemeine politische Bewusstsein der Bürger, der Verfassungsteilnehmer, hat es die Verfassunggebung des Grundgesetzes nie geschafft. Manche Mitglieder, allen voran Konrad Adenauer und Theodor Heuss, aber auch Carlo Schmid, Thomas Dehler und Heinrich von Brentano, kennen wir aus der folgenden politischen Geschichte der Bundesrepublik, aber andere bedeutende Mitglieder des Parlamentarischen Rates wie Hermann von Mangoldt, Robert Lehr, Walter Menzel, Anton Pfeiffer, Adolf Schönfelder oder Walter Strauss sagen uns wenig bis gar nichts. Sie waren allesamt nicht so bedeutend wie die größten der amerikanischen Verfassungsväter, Madison oder Adams, die dort jedes Schulkind kennt, und doch erklärt dies nicht das allgemeine Desinteresse an der Entstehung unserer Verfassung, nicht der einzige Hinweis auf einen Mangel an demokratischer Verfassungskultur (S. 91 ff.). Dass so gut wie niemand Friedrich Wilhelm Wagner kennt, der sich maßgeblich für die verfassungsrechtliche Abschaffung der Todesstrafe einsetzte, oder Friederike Nadig, die die Gleichberechtigung der Frau ins Grundgesetz brachte, ist in jedem Fall kein gutes Zeichen.

Die westlichen Alliierten hatten im sogenannten Frankfurter Dokument Nr. 1 vom 1. Juli 1948 die Ministerpräsidenten ihrer Besatzungszonen dazu aufgefordert, eine «Verfassunggebende Versammlung» spätestens zum 1. September einzusetzen. Die von den Ländern entsandten Mitglieder des Parlamentarischen Rates konstituierten sich genau an diesem Tag im Bonner Museum Koenig und wählten noch in der ersten Sitzung Konrad Adenauer in das – weithin unterschätzte – Amt des Präsidenten.

Die letzte Sitzung des Parlamentarischen Rates fand erst nach der Ratifikation des fertigen Grundgesetzes durch die Landtage statt: Am 23. Mai 1949 stellte der Parlamentarische Rat die Annahme des Grundgesetzes fest und verkündete es. Dieses Datum gilt als der Verfassungstag des Grundgesetzes.

Der Parlamentarische Rat setzte sich (ohne die nicht stimmberechtigten Berliner) aus 65 Mitgliedern zusammen, die von den Landtagen bestimmt wurden. Jedes Land konnte eine seinen Einwohnern entsprechende Zahl an Mitgliedern in den Parlamentarischen Rat entsenden. Die parteipolitische Verteilung wurde in allen Ländern nach dem Prinzip des Proporzes definiert – dies bedeutete eine wesentliche Vorentscheidung für das später eingeführte Verhältniswahlrecht zur Wahl des Deutschen Bundestages. So bestanden die 65 stimmberechtigten Mitglieder des Parlamentarischen Rates aus je 27 Christ- und Sozialdemokraten, 5 Liberalen, 2 Kommunisten, 2 Mitgliedern der nationalliberalen Deutschen Partei und der katholischen Zentrumspartei. Betrachten wir die Zusammensetzung des Parlamentarischen Rates unter anderen Kriterien, so erscheint sie für ein öffentliches Gremium im Nachkriegswestdeutschland nicht untypisch. Nur vier Frauen waren Mitglieder des Parlamentarischen Rates, dafür 47 ehemalige oder aktuelle Beamte und Richter, 32 von ihnen Juristen, 11 Ökonomen. 35 Mitglieder des Parlamentarischen Rates waren promoviert. Das Durchschnittsalter der Mitglieder lag bei 55 Jahren, auch das ist typisch. Funktionierte der Nationalsozialismus als eine Herrschaft der jungen Männer, so wurde die frühe Bundesrepublik zu einer Herrschaft der Alten.

Untypisch erscheint allein ein Parameter: Nur sehr wenige Mitglieder des Parlamentarischen Rates waren allzu tief in den Nationalsozialismus verstrickt gewesen, sehr viel mehr dagegen befanden sich in der inneren oder äußeren Emigration oder hatten sich gar im Widerstand engagiert, nicht wenige hatten im Konzentrationslager gesessen. Damit blieb der Parlamentarische Rat – bis zum Arbeitsbeginn des Bundesverfassungsgerichts – das einzige relevante staatliche Organ in Westdeutschland, in dem die politische Opposition zum Nationalsozialismus eine

Mehrheit hatte und damit stimmungs- und meinungsbildend wirken konnte.

Der Parlamentarische Rat war eine Kreation der Länder, genauer der Länderministerpräsidenten, die das Verfahren in stets konfliktreicher Abstimmung mit den Alliierten entwickelt hatten. Die Länder bestimmten die personale Ausstattung der Mitglieder, sie verfügten über die hilfreichen ministerialen Apparate, sie hatten die Mittel, um alles zu organisieren. Es war «ihr» Parlamentarischer Rat. Noch lange während der Diskussionen des Rates blieb die Frage ungeklärt, ob Mitglieder der Landesregierungen ein eigenes Rederecht im Parlamentarischen Rat haben durften oder nicht. Die Frage wurde mit typischer Pragmatik gelöst: Die Vertreter wurden informell ohne Verfahrensregelung gehört. So bauten sich die Länder mit Hilfe des Parlamentarischen Rates «ihren» Bund – ein Umstand, der im Verlauf der Verfassungsgeschichte des Grundgesetzes schnell in Vergessenheit geriet – aber auch das ist für die deutsche Verfassungsgeschichte nicht untypisch. Trotz dieser Dominanz der Länder gelang es dem Parlamentarischen Rat eine eigenständige Diskussionskultur zu entwickeln.

Betrachtet man die Anfänge des Parlamentarischen Rates vor dem Hintergrund der nachfolgenden Geschichte der Bundesrepublik, so fällt auf, wie viele Formen des politischen Umgangs uns heute als gewohnt vorkommen. Dafür zwei Beispiele: Die Landtage beschlossen alle das gleiche, von den Ministerpräsidenten entworfene «Mustergesetz», das ein Verfahren definierte, mit dem die Länder ihre Vertreter in den Parlamentarischen Rat entsenden konnten. Dieses Gesetz war auch dem Zeitdruck geschuldet, unter den die Alliierten die Ministerpräsidenten gestellt hatten. Doch erscheint die Form des «Mustergesetzes» heute gleich als ein doppelter Vorgeschmack auf den bundesdeutschen Föderalismus: Die Länder strebten eine einheitliche Regelung an und verzichteten auf föderale Vielfalt beim Wahlrecht – und sie einigten sich auf der Ebene der Ministerpräsidenten, so dass die Landtage die Entscheidung nur noch abnicken konnten. Ein zweites Beispiel: Als der christdemokratische Ministerpräsident des Landes Nordrhein-Westfalen, Karl

Arnold, den Parlamentarischen Rat in Bonn als Repräsentant des gastgebenden Landes begrüßte, sprach anschließend der sozialdemokratische Ministerpräsident des Landes Hessen, Christian Stock, um die parteipolitische Ausgewogenheit zu garantieren. Auch dieses Bedürfnis nach einer Allparteienabsicherung blieb der Bundesrepublik erhalten. Wie überhaupt die ungewisse Rolle des Parlamentarischen Rates zwischen einer Vertretung der Länder und einer Abbildung des ja in diesem Moment erst entstehenden bundespolitischen Parteiensystems schon in seiner Entstehung viel von der Praxis des Grundgesetzes, insbesondere vom ambivalenten Selbstverständnis des Bundesrates, vorwegnimmt.

Der Parlamentarische Rat arbeitete in verschiedenen Ausschüssen, seltener im Plenum. Die Einteilung der Ausschüsse war nicht an einer Systematik, sondern an der vernünftigen Verteilung der Arbeitslast angesichts der zu erwartenden Diskussionen orientiert. Es wurden Ausschüsse für Grundsatzfragen, für Zuständigkeitsabgrenzungen, für Finanzfragen, für Wahlrechtsfragen, für das Besatzungsstatut und ein sogenannter kombinierter Ausschuss für die Organisation des Bundes sowie Verfassungsgerichtshof und Rechtspflege gebildet. Über diesen Ausschüssen stand der zur Koordination gedachte Hauptausschuss, der darüber entschied, welche Vorlagen dem Plenum zur Abstimmung vorgelegt werden sollten. Ihm saß Carlo Schmid vor. Von immenser praktischer Bedeutung war zudem der spontan entstandene Allgemeine Redaktionsausschuss, der sich an die sprachliche und systematische Bereinigung der Vorschläge machte. Er hatte nur drei Mitglieder: den späteren Bundesaußenminister Heinrich von Brentano (CDU), den späteren Hessischen Ministerpräsidenten Georg August Zinn (SPD) und den späteren Bundesjustizminister Thomas Dehler (FDP).

Die Ausschussarbeit gestaltete sich unterschiedlich. Völlig unklar blieben die Aufgaben des Ausschusses für das Besatzungsstatut, dessen Inhalte ursprünglich in das Grundgesetz aufgenommen werden sollten. Man war sich unsicher, was die Alliierten erwarteten, die das Problem denn auch ohne den Parlamentarischen Rat lösten. Besonders effizient war die Arbeit des Ausschusses für Grundsatzfragen, der die Gestaltung des Grundrechtsteils übernahm und diese von grundlegenden politischen Auseinandersetzungen weitgehend freihielt.

Zentrale Streitpunkte: Institutionen und Verfassungsverständnisse

Eine beeindruckende Kombination aus moralischer Ernsthaftigkeit, politischer Kompromissbereitschaft und juristischem Sachverstand zeichnet die Beratungen des Parlamentarischen Rates aus. Dies zeigt sich besonders an den entscheidenden Streitpunkten: Die Gestalt der föderalen Ordnung war die erste zentrale Linie der Auseinandersetzung in den Beratungen des Parlamentarischen Rates. Dabei befanden sich die Sozialdemokraten in einem Dilemma zwischen ihren politischen Zielen und ihrem Staatsverständnis: Einerseits wollten sie keinen echten Weststaat gründen, um die Vereinigung zwischen Ostzone und Westzonen nicht durch eine zu starke institutionelle Verfestigung zu vereiteln. Damit strebten sie aber auch keine wirkliche Verfassung an, sondern zielten auf ein schlankes «Organisationsstatut» ab. Andererseits stand die SPD verfassungstheoretisch für eine starke Zentralgewalt, also für das institutionelle Gegenteil. Die Vorstellungen der Christdemokraten waren geschmeidiger. Sie folgten dem faktischen Vorrang der Länder und entsprachen mehr den Vorstellungen der Alliierten. Absolute Begriffe von Volkssouveränität und Staatlichkeit standen ihrer politischen Arbeit nicht im Wege.

Eine der wichtigsten Auseinandersetzungen im Parlamentarischen Rat drehte sich um die Ausgestaltung der zweiten gesetzgeberischen Kammer. Sollte nach altem deutschen Vorbild eine Vertretung der Länderregierungen mit gewichtetem Stimmenanteil eingerichtet werden, ein Bundesrat – oder sollten sich nach dem amerikanischen Modell die Völker der Länder durch die Landtage jeweils einen oder zwei Senatoren wählen, die ihre Interessen im Bund vertraten? In gewisser Weise war die Senatslösung sowohl föderaler als auch demokratischer: Es handelte sich um eine direkt gewählte echte Parlamentskammer, die allen

Ländern unabhängig von ihrer Größe gleichen Einfluss zusprach. Der Bundesrat dagegen würde die alte Fürstenkammer fortsetzen, wenn auch mit demokratisch legitimierten Regierungen. Er war kein echtes Parlament. Der Einfluss der Länder auf die Politik des Bundes wäre mit einem Bundesrat viel größer, entsprechend wurde diese von den meisten Vertretern der CDU, vor allem von der CSU, allerdings nicht von Adenauer bevorzugt. Die gefundene Lösung schuf nach einigem Hin und Her einen Bundesrat, der jedoch in seinen Kompetenzen nicht dem Bundestag gleichgestellt wurde, eine Entscheidung mit großen, vom Parlamentarischen Rat nicht abgesehenen Folgen für unser politisches System (S. 85 f.).

Schon der Parlamentarische Rat war Gegenstand intensiver Lobbyarbeit, namentlich durch Kirchen und der Gewerkschaften, der zwei gesellschaftlichen Gruppen, die den Nationalsozialismus ohne größere moralische Kompromittierung überstanden hatten und deren moralisches Gewicht deshalb dasjenige anderer Interessenverbände überwog. Nicht ohne Neid schauten dabei die Gewerkschaften auf die Erfolge der Kirchen, die freilich ihrerseits mit den von ihnen erzielten Ergebnissen zu Unrecht gar nicht zufrieden waren. Die Forderungen der Gewerkschaften, im Grundgesetz eine Wirtschafts- und Sozialordnung in ihrem Sinne zu definieren, stießen noch nicht einmal in der SPD auf große Resonanz. Immerhin wird man die Einfügung des Sozialstaatsprinzips und die den Vorschlägen der Gewerkschaften folgende Formulierung der Koalitionsfreiheit in Art. 9 Abs. 3 GG als große Erfolge verbuchen, die aber innerhalb des Parlamentarischen Rates ohnehin wenig umstritten waren. Die Verabschiedung sozialer Grundrechte etwa auf Wohnung und Arbeit unterblieb allerdings, nicht zuletzt, weil die SPD glaubte, diese in einer «endgültigen» Verfassung unterbringen zu können.

Anderes galt für die Forderung der Kirchen, die neben der Ausgestaltung des Föderalismus den zweiten zentralen Dissens zwischen Christdemokraten und Sozialdemokraten bildeten. Die Kirchen erhofften sich von der neuen Verfassung die Garantie eines zentralen Platzes im öffentlichen Leben. Mit der Übernahme der bis heute geltenden Regeln der Weimarer Reichsverfassung bekamen sie einen solchen letztlich auch (S. 103 ff.). Ein Kreuz kam freilich nicht, wie von der CDU gewünscht, in die Bundesflagge. Von besonderer Bedeutung war in diesem Zusammenhang die Frage der Bekenntnisschulen. Sollten die Eltern ein Recht darauf erhalten, ihre Kinder in kirchliche Schulen zu entsenden, oder konnte eine allgemeine staatliche Schulpflicht dies verhindern? Das Grundgesetz integrierte den Religionsunterricht im Ergebnis als ein «ordentliches Lehrfach» in die staatliche Schule. In diesem einmaligen Modell ist der Religionsunterricht Teil des staatlichen Unterrichtsprogramms, seine Inhalte aber werden von den jeweils verantwortlichen Religionsgemeinschaften bestimmt. Freilich wurden die Länder nicht dazu gezwungen, diese Regel zu übernehmen, wenn sie vor 1949 eine andere Regelung hatten. In Berlin und Bremen gilt die Regelung deswegen bis heute nicht.

Bis zur letzten Sekunde blieb die föderale Organisation der Finanzverwaltung sowohl innerhalb des Parlamentarischen Rates als auch zwischen Parlamentarischem Rat und den Alliierten umstritten. Die Alliierten drängten auf eine möglichst dezentrale Finanzstruktur des Bundes mit eigenen Steuererhebungsmöglichkeiten und einer eigenen Finanzverwaltung der Länder. Für sie war dies vor allem ein Mittel zum Zweck der Verhinderung einer starken deutschen Zentralgewalt. Heute würde man in diesen Vorschlägen vielleicht ein brauchbares Instrument gegen unser hoffnungslos zwischen Bund und Ländern verflochtenes und daher ebenso ineffizientes wie undemokratisches Finanzverfassungsrecht sehen. Doch obwohl die Forderungen der Alliierten bei manchen Ländern wie auch bei den Christdemokraten bedeutende Anhänger hatten, fanden sie im Grundgesetz kaum Berücksichtigung. Sie verschwanden als Verhandlungsmasse in den Diskussionen anderer strittiger Fragen.

Im Nachhinein scheint es, dass die großen Streitfragen im Parlamentarischen Rat weniger entschieden als langsam ausgehandelt wurden. Dies lag auch an der von vielerlei Missverständnissen und Übersetzungsschwierigkeiten gezeichneten Kommunikation mit den ihrerseits zerstrittenen Alliierten. Es hing jedoch vornehmlich damit zusammen, dass das Ergebnis der Debatten eben nicht nur von einer politischen Mehrheit, sondern vom Konsens aller Fraktionen mit Ausnahme der KPD getragen werden musste, sollte das Ergebnis funktionsfähig sein. Bedenkt man diese Notwendigkeit zum Kompromiss, so ist es erstaunlich, wie knapp und geschlossen der Urtext des Grundgesetzes heute wirkt. Für den Stil des Grundgesetzes war die Unterstellung, es werde ein Provisorium, wohl ein Glücksfall. Hier waren nicht viele Worte zu machen, die Worte, die gemacht wurden, sollten eine rechtliche Bedeutung haben. Zwang zum Konsens, das ist auch eine Lehre für die Gegenwart, rechtfertigt keinen schlechten Verfassungsstil (S. 60 f.).

Zweierlei Verfassungsverständnis: das Beispiel der Menschenwürde

Die Verhandlungen im Parlamentarischen Rat waren also trotz der genannten Konflikte im Ganzen durch das Bemühen um Konsens und einen vorsichtigen politischen Umgang miteinander geprägt. Man durfte den prekären Zusammenhalt nach innen nicht in Frage stellen und wollte sich gegenüber den Alliierten keine Blöße geben. Dies verleiht den Diskussionen ihr eigenes Pathos der Sachlichkeit. Wie gesehen, gab es trotzdem einige politisch inspirierte Auseinandersetzungen. Neben diesen zeigen die Beratungen des Parlamentarischen Rates auch fundamentale theoretische Unterschiede hinsichtlich des Verfassungsverständnisses. Hierbei ging es weniger um den Inhalt konkreter Bestimmungen des Grundgesetzes als um deren Begründung. Für die Interpretation des Grundgesetzes sind diese Differenzen bis heute von besonderem Interesse.

Die wichtigste dieser Debatten lässt sich am einfachsten anhand zweier Mitglieder des Parlamentarischen Rates darstellen, dem Sozialdemokraten Carlo Schmid und dem Christdemokraten Adolf Süsterhenn. Carlo Schmid war von der SPD als zentrale Figur des Rates ausersehen worden. Er war ihr Star und sollte sich als Vorsitzender des Hauptausschusses auch politisch profilieren. Bald schon stand er allerdings in Adenauers Schatten, aus dem er nie mehr herauskommen konnte. Adenauer hatte erkannt, dass das Präsidium des Parlamentarischen Rates, seine Funktion der Außenvertretung von politisch entscheidender Bedeutung war. Für die Inhalte des Grundgesetzes aber war Schmid viel bedeutsamer als Adenauer. Schmid konnte als habilitierter Jurist seine theoretischen Einsichten immer wieder in die Debatte einbringen. Er hatte, vielleicht auch durch seine Frankreichkenntnisse vermittelt, ein dezidiert politisches und staatsbezogenes Verfassungsverständnis. Für ihn war eine Verfassung in all ihren Teilen Ausdruck demokratischer Selbstbestimmung des deutschen Volkes. Sie setzte also eine freie Entscheidungsfähigkeit des ganzen deutschen Volkes voraus – und an beiden Voraussetzungen zweifelte Schmid angesichts des alliierten Einflusses und des Ausschlusses der Ostdeutschen. Aus diesem Grund war es für Schmid besonders wichtig, die entstehende Ordnung als provisorisch zu verstehen. Adolf Süsterhenn, Mitglied der CDU, rheinischer Katholik, der später als Richter, Rechtswissenschaftler und Mitglied der Europäischen Menschenrechtskommission arbeitete, hatte ein anderes Verfassungsverständnis. Häufig berief er sich in den Verhandlungen des Parlamentarischen Rates auf christliches Naturrecht. Nach dem «Sündenfall» des Nationalsozialismus verstand er das Grundgesetz als eine Ordnung, die universale, aus dem Christentum folgende Gerechtigkeitsstandards zum Ausdruck bringen sollte.

Deutlich werden die Unterschiede zwischen beiden in der Diskussion um die Bedeutung der Menschenwürde, dem ersten Satz des Grundgesetzes. Dass das Grundgesetz mit einer fundamentalen Norm beginnen sollte, die den Schutz des Individuums gerade angesichts der Schrecken des Nationalsozialismus in durchaus dramatischer Form zum Ausdruck bringen sollte, war in den Verhandlungen des Parlamentarischen Rates bald unumstritten. Die Frage aber blieb, wie ein solches Bekenntnis zu verstehen war. Nahm der Parlamentarische Rat hier einen ohnehin geltenden moralischen Satz aus dem christlichen Naturrecht bloß zur Kenntnis, so Süsterhenn, oder schuf er aus seiner eigenen demokratischen Gestaltungsmacht etwas Neues, einen Satz, mit dem sich das deutsche Volk auch zu seiner politischen Verantwortung gegenüber dem Nationalsozialismus bekannte, so Schmid. Anders formuliert: War der Nationalsozialismus ein moralisches oder ein politisches Problem? Schmid und Süsterhenn mussten sich im Parlamentarischen Rat nicht auf ein gemeinsames Verfassungsverständnis einigen. Die Menschenwürde wurde in das Grundgesetz aufgenommen und es blieb den Interpreten überlassen, welchen Geltungsgrund sie haben sollte. Theodor Heuss formulierte dies, indem er die Menschenwürde als «nicht interpretierte These» bezeichnete.

Wessen Deutung aber erwies sich als zutreffend? Es kommt darauf an. Historisch hatte Schmid Recht. Die Idee, die Menschenwürde zu einer verfassungsrechtlichen Garantie zu machen, ist nicht Ausdruck immerwährender Universalität, sondern ein typisches Produkt der Nachkriegszeit. Ältere Verfassungen kennen die Menschenwürde nicht als ein eigenes Grundrecht. Erst die Schrecken des Zweiten Weltkriegs brachten den Parlamentarischen Rat, aber auch die Verfasser der Universalen Erklärung der Menschenrechte dazu, ein solches Menschenrecht zu entwickeln. Was in der demokratischen Tradition eigentlich als selbstverständlich galt, bedurfte nun der Kodifikation. So gesehen war das Bekenntnis zur Menschenwürde neuartig und in der Tat Resultat einer spezifischen politischen Entscheidung, wie Schmid annahm. Süsterhenns moralisches Menschenrechtsverständnis jedoch erwies sich in der weiteren Diskussion als ungleich erfolgreicher. Die Menschenwürde wurde bereits vom Parlamentarischen Rat zu einem unabänderlichen Teil des Grundgesetzes erhoben und gewann damit einen quasi-moralischen Status. Die Verfassungsrechtswissenschaft verband die Menschenwürde mit der Kantischen Philosophie, aber interessanterweise gerade nicht mit Kants Rechtsbegriff, sondern mit einer aus seiner Moralphilosophie übernommenen Würdekonzeption – und auch das Bundesverfassungsgericht beteiligt sich bis heute an einem stark mit moralischen Vorstellungen angereicherten Menschenwürdeverständnis. Schließlich stößt die Idee einer grundrechtlichen Menschenwürdegarantie auch außerhalb Deutschlands auf Interesse. Sie findet sich in vielen neueren Verfassungen und internationalen Verträgen, die nicht selten auch vom Grundgesetz inspiriert sind. Süsterhenn scheint also Recht behalten zu haben. Schmid aber würde die Frage stellen, ob sich hinter diesen vielen verschiedenen Bekenntnissen zur Menschenwürde nicht doch stets ganz unterschiedliche politische Vorstellungen von einem Minimum an richtiger Ordnung verbergen.

Der Umgang mit der Weimarer Tradition

Die Weimarer Republik diente in den Diskussionen des Parlamentarischen Rates zumeist nur als ein negatives Vorbild. Sehr viele Mitglieder des Parlamentarischen Rates waren bereits in Weimar politisch aktiv gewesen. Drei Mitglieder waren sogar an der Ausarbeitung der Weimarer Reichsverfassung in der Nationalversammlung 1919 beteiligt, elf waren Mitglieder des Reichstages, noch mehr hatten in Landesregierungen oder Landtagen mitgearbeitet. Diese Politiker kannten die Strukturen der Weimarer Republik sehr gut und wollten aus Konstruktionsfehlern der Weimarer Reichsverfassung lernen. Aus heutiger Sicht dürfte man das Scheitern der Weimarer Republik freilich noch am wenigsten dem Aufbau der Weimarer Reichsverfassung anlasten – und auch wenn die Weimarer Verfassung heute einen unverdient schlechten Ruf genießt, scheinen dies die erfahrenen Mitglieder des Parlamentarischen Rates nicht anders gesehen zu haben.

Trotzdem konnte man versuchen, aus den Erfahrungen zu lernen: Die Weimarer Verfassung war wie gesehen (S. 15 f.) aus der von Hugo Preuß scharf erkannten Notwendigkeit geboren, einem gegenüber dem Parlamentarismus misstrauischen Volk eine Ordnung zu geben, die auch andere Formen demokratischer Legitimation erlaubte: durch Volksabstimmungen und die Direktwahl des Reichspräsidenten. Diese Legitimationstypen gerieten jedoch im Laufe der Weimarer Republik in einen institutionellen Widerspruch. Das Grundgesetz konnte dagegen in einem anderen politischen Kontext den Versuch wagen, eine konsequent repräsentative Ordnung zu errichten, in der ausnahmslos jede Form von Staatsgewalt in irgendeiner Weise durch das Parlament vermittelt wird. Das bedeutete konkret zum Ersten, das Staatsoberhaupt im Vergleich zur Weimarer Republik zu schwächen, wenn auch nicht so schwach zu machen, wie es heute ist (S. 68 f.). Die SPD wollte mangels echter Staatlichkeit der Bundesrepublik zunächst gar kein eigenes Staatsoberhaupt. Man einigte sich auf ein weitgehend repräsentatives Amt, das vor allem nicht direkt vom Volk, sondern von der gemeinsamen Versammlung von Bundestag und Landtagsvertretern gewählt werden sollte. Das Amt des Bundespräsidenten wurde damit vollständig in das System einer repräsentativen und föderalen Demokratie eingefügt. Wer heute die Direktwahl des Bundespräsidenten fordert, hat diesen Clou nicht verstanden. Zum Zweiten wurden Elemente direkter Demokratie, die als Mittel der politischen Eskalation in Weimar wahrgenommen wurden, nicht in das Grundgesetz aufgenommen. Bis heute gibt es auf der Ebene des Bundes keine Formen direkter Demokratie.

Das praktisch wichtigste Problem bestand zum Dritten in der Sicherung einer stabilen Regierungsbildung. In der Weimarer Reichsverfassung stand mit dem Reichspräsidenten immer noch ein Ersatzregiment zur Verfügung, so dass der Weimarer Reichstag aus der politischen Verantwortung fliehen konnte. Dagegen sollte der Bundestag institutionell zu einer stabilen Regierungsbildung gezwungen werden. Das gelang zunächst dadurch, dass der Bundestag nur dem Bundeskanzler, nicht einzelnen Ministern sein Vertrauen entziehen kann, die Besetzung der Regierung also Sache des Regierungschefs bleibt. Noch wichtiger ist die Konstruktion des sogenannten «konstruktiven Misstrauensvotums». Der Bundestag darf dem Bundeskanzler nicht einfach destruktiv das Vertrauen entziehen, er muss dazu vielmehr «konstruktiv» einen neuen Bundeskanzler wählen. Auch die Auflösung des Bundestages wurde erschwert: Scheitert der Kanzler im Bundestag mit der Vertrauensfrage, so kann er sich an den Bundespräsidenten wenden, der dann seinerseits den Bundestag auflösen darf. Nur wenn alle drei Organe sich gemeinsam dafür entscheiden, wird das Parlament aufgelöst. Alle diese Mechanismen sollen sicherstellen, dass der Deutsche Bundestag eine Regierungsbildung zustande bekommt und seine politische Verantwortung übernimmt.

Das Scheitern der Weimarer Republik inspirierte die Mitglieder des Parlamentarischen Rates zu weiteren Regelungen. So würdigt das Grundgesetz die positive Rolle der politischen Parteien für die parlamentarische Demokratie ausdrücklich (S. 55 f.). Nicht selten wird bemerkt, dass damit politische Parteien «zum ersten Mal» ins deutsche Verfassungsrecht aufgenommen wurden, so als handele es sich um eine Verspätung. Tatsächlich war die Erwähnung politischer Parteien in demokratischen Verfassungen nach dem Zweiten Weltkrieg sehr unüblich. Alte demokratische Verfassungsordnungen wie diejenigen Frankreichs oder der USA hatten unterschiedliche, für das Funktionieren der politischen Ordnung in jedem Fall bedeutende Parteiensysteme, ohne diese im Verfassungstext mit einem Wort zu erwähnen. Die Einfügung der Parteien im Grundgesetz des Jahres 1949 ist vor dem Hintergrund der deutschen Geschichte gut verständlich, sie wurde auch für andere Verfassungen vorbildlich; zugleich gibt sie aber einen Hinweis auf Elemente eines für das Grundgesetz typischen Verfassungsverständnisses: Mit den Parteien werden gesellschaftliche Voraussetzungen des politischen Prozesses in die Verfassung aufgenommen, von denen nicht klar ist, ob sie wirklich verfassungsrechtlich geregelt werden können: Ein Parteiensystem hängt am politischen Engagement von Bürgern. In der grundgesetzlichen Erwähnung liegt dagegen auch ein Stück Verstaatlichung des Parteiensystems. Klassisch wären Parteien eigentlich nur durch zwei grundrechtliche Garantien berührt: die Meinungsfreiheit und den Gleichheitssatz.

Auch wenn die Weimarer Republik nicht an den Konstruktionsmängeln ihrer Verfassung gescheitert war, erschien es dem Parlamentarischen Rat notwendig, das Grundgesetz mit besseren Mitteln demokratischer Selbstverteidigung gegen den politischen Extremismus auszustatten. Von besonderer Bedeutung war dabei der Übergang von Weimar zum Nationalsozialismus im sogenannten Ermächtigungsgesetz, mit dem der Reichstag zugunsten der Regierung auf sein Gesetzgebungsrecht verzichtete. Die ungewisse Legalität des Übergangs und die schrankenlose Ermächtigung der Exekutive sollten sich nicht wiederholen. Heute wissen wir allerdings aus der rechtshistorischen Forschung, dass es in der Weimarer Republik keineswegs an rechtlichen Mitteln fehlte, um die Ordnung zu verteidigen, sondern vielmehr an dem politischen Willen, diese Mittel überhaupt oder gleichmäßig gegen rechts und links einzusetzen. Der Parlamentarische Rat sah dies noch anders und versuchte mit der Idee einer «wehrhaften Demokratie» dem Grundgesetz ein stärkeres institutionelles Immunsystem zu geben. Insbesondere bekam das Bundesverfassungsgericht die Befugnis, auf Antrag eines Verfassungsorgans verfassungsfeindliche politische Parteien zu verbieten. Nur zwei Institutionen, Parteien und Professoren, werden vom Grundgesetz ausdrücklich auf die Verfassung verpflichtet.

Die maßgebliche Lehre aus der Weimarer Republik blieb schließlich eine starke und ausnahmslose Bindung der Staatsgewalt an das Recht: durch die Einrichtung einer beispiellos starken Verfassungsgerichtsbarkeit, durch die Garantie eines lückenlosen Rechtsschutzes, durch die Definition einer absoluten Grenze der Verfassungsänderung und durch die präzise Formulierung eines ausführlichen Grundrechtskataloges, dem ausdrücklich alle Staatsgewalten unterworfen wurden. Alle diese Errungenschaften, die die rechtsstaatliche deutsche Tradition noch einmal verfassungsrechtlich überboten, sollten das Grundgesetz vor dem Schicksal der Weimarer Reichsverfassung bewahren.

4. Die Legitimation des Grundgesetzes

Ist das Grundgesetz demokratisch legitimiert? Betrachtet man seine Entstehung, so mag man daran zweifeln. Schließlich war sein Entstehungsprozess ein vielfach vermittelter, auch von den Alliierten beeinflusster Vorgang, in den der eigentlich gefragte Akteur, das deutsche Volk, kaum einbezogen wurde – wenn überhaupt erst vermittelt durch die Landtage oder im Nachhinein durch die Teilnahme an der ersten deutschen Bundestagswahl. Doch sehen wir genauer hin: Die Alliierten drängten den Parlamentarischen Rat, insbesondere auf eine starke föderale Struktur hinzuwirken. Aber weder waren sich die Vertreter der Alliierten untereinander immer einig, noch fühlten sie sich in ihrer Einflussnahme auf den Parlamentarischen Rat frei: Die Verschärfung des Kalten Krieges im Laufe der Jahre 1948/49 setzte die Westmächte unter Druck, eine westdeutsche Staatsgründung zu ermöglichen. Dieser Druck machte sich bei den alliierten Regierungen natürlich stärker bemerkbar als bei den ihnen untergeordneten Militärgouverneuren in Deutschland. So erwiesen sich die alliierten Regierungen am Ende auch zur Überraschung der Mitglieder des Parlamentarischen Rates als kompromissbereiter als erwartet. Das Grundgesetz geriet daher deutlich zentralistischer, als es die Vertreter der Alliierten in Deutschland gewollt hatten. Von einem Diktat der Alliierten kann man daher beim Grundgesetz nicht sprechen, auch wenn die Mitglieder des Parlamentarischen Rates die Stärke ihrer eigenen Verhandlungsposition regelmäßig zu unterschätzen schienen. Alles in allem ist das Grundgesetz das Werk des Parlamentarischen Rates.

Die Irritation hinsichtlich der ursprünglichen Legitimation des Grundgesetzes ist zudem für Prozesse der Verfassunggebung nicht untypisch. Man wird in der Verfassungsgeschichte wenige Fälle finden, in denen die Entstehung einer demokratischen Verfassung selbst demokratisch vor sich gegangen ist. Der Traum der idealen Verfassungsentstehung wurde in einem berühmten Gemälde verewigt, dem Ballhausschwur des Jacques-Louis David, auf dem sich die Vertreter der französischen Generalstände am 20. Juni 1789 zur demokratischen Nationalversammlung erklären und sich versprechen, eine Verfassung zu beschließen. Dieses Ideal findet sich in der Geschichte demokratischer Staaten aber nur selten verwirklicht. Die verfassunggebende Gewalt des deutschen Volkes, die das Grundgesetz im Anschluss an die Formulierung des revolutionären Theoretikers Sieyès in der Präambel anruft, entsteht immer erst in dem Moment, in dem sie angerufen wird. Anders als für den Beschluss einfacher Gesetze gibt es für die Entstehung von Verfassungen kein definiertes Regelwerk, dessen Einhaltung ihren Geltungsanspruch rechtfertigt. Paradoxerweise schaffen Verfassungen die Mechanismen der Selbstbestimmung, die es dann gestatten, von ihrer eigenen Legitimation und von einem demokratischen Volk zu sprechen. Das Grundgesetz trat nach seinen eigenen Bestimmungen durch die Ratifikation der Landtage in Kraft. Eine Volksabstimmung wollte man vermeiden, um die Möglichkeit einer Wiedervereinigung nicht durch die Konstituierung eines Staatsvolkes zu vereiteln. Erst das Inkrafttreten des Grundgesetzes schuf somit das Bundesvolk. Verfassungen sind eben nicht nur Rechtssätze, sondern auch politische Gründungsdokumente. Wenn sie in einer demokratischen Praxis allgemein angenommen werden, wird man ihnen ihre demokratische Legitimation nicht absprechen können. Dies gilt umso mehr mit Blick auf die föderale Struktur der neuen Ordnung, in der die demokratische Identität der Länder bei der Verfassunggebung zu respektieren war.

Trotzdem wurde gerade in der Nachkriegszeit von einem «Geburtsmakel» bei der Entstehung des Grundgesetzes gesprochen. Hier gilt aber Ähnliches wie in der Rede vom Grundgesetz als «Provisorium»: Man wird darin eher den Ausdruck fehlender politischer Erfahrung und mangelnder vergleichender Kenntnis demokratischer Institutionen auf Seiten der Kritiker erkennen können als eine zutreffende Beschreibung des Grundgesetzes. Manche Staatsrechtler träumten von einer Verfassunggebung, die sich wohl weniger am demokratischen Idealfall der Ausrufung der französischen Nationalversammlung orientierte als an der Reichsgründung nach dem gewonnenen Krieg gegen Frankreich im Jahre 1871. Die erste deutsche Demokratie der Weimarer Republik war dagegen wie das Grundgesetz aus einer Niederlage hervorgegangen und auch nach dem Ersten Weltkrieg stand Deutschland unter einem besonderen völkerrechtlichen Regime der Siegermächte. Dies alles unterstreicht die besondere Fragilität demokratischer Traditionen in Deutschland und es illustriert die ambivalenten Gefühle auch mancher Teile derjenigen Bevölkerung für das Grundgesetz, die sich nicht besonders für den Nationalsozialismus engagiert hatten. Für die demokratische Legitimation des Grundgesetzes bleibt dieser Zweifel aber ohne Belang. Diese Legitimation folgte aus der Praxis demokratischer Selbstbestimmung, vor allem in den ersten Bundestagswahlen des Jahres 1949, die durch das Inkrafttreten des Grundgesetzes erst ermöglicht wurden.

II. Das Grundgesetz als Text

Die Lektüre eines Verfassungstextes kann eine mühselige und enttäuschende Angelegenheit sein. Mühselig ist sie, weil es wohl kaum eine Textsorte jenseits von Lyrik gibt, die in solcher Dichte verschiedene, auch sich widersprechende Bedeutungsmöglichkeiten liefert wie Rechtstexte. Wenn der Rechtstext gut gemacht ist – und das Grundgesetz ist jedenfalls in seiner Urfassung ein sehr gut gemachter Rechtstext –, dann zählt jedes Wort. Einen Rechtstext, selbst wenn er so kurz wie das Grundgesetz ist, wird man daher kaum an einem Stück lesen können. Der Gehalt ist zu dicht, zu erschlagend. Die Lektüre kann aber auch enttäuschend sein: Denn Verfassungen im Allgemeinen und das Grundgesetz im Besonderen geben uns Versprechen, die uns schnell uneingelöst vorkommen: «Die Würde des Menschen ist unantastbar.», «Alle Staatsgewalt geht vom Volke aus.» Stimmen diese Sätze mit Blick auf die politischen Verhältnisse in der Bundesrepublik?

Mühe und Enttäuschung bei der Lektüre des Grundgesetzes können wir durch Aufklärung lindern: Aufklärung über die Struktur des Textes und über die Bedeutung seiner Versprechen. In diesem Kapitel wollen wir uns dem Grundgesetz daher aus der Perspektive der Leser nähern, die den Text in die Hand nehmen, in ihm blättern und an einigen Stellen hängen bleiben. Nach einem kurzen Blick auf den systematischen Aufbau des Grundgesetzes wollen wir einige bedeutende Aussagen des Grundgesetzes genauer lesen und zu verstehen suchen. Für die Leser bietet es sich dabei an, ein Exemplar des Grundgesetzes zur Hand zu haben.

1. Der Aufbau des Grundgesetzes

Gliederung

Das Grundgesetz war ursprünglich – wenig elegant – in elf Abschnitte gegliedert, zwei weitere (Nr. VIIIa. und Xa.) wurden später eingefügt. Diese Aufteilung gibt freilich keinen guten Eindruck von der Struktur des Textes. Die maßgebliche Gliederung findet sich vielmehr zwischen dem ersten und dem zweiten Abschnitt. Der erste Abschnitt enthält fast alle Grundrechte des Grundgesetzes. Dies sind, wie wir noch genauer sehen werden, Rechte, die die Bürgerinnen und Bürger berechtigen und den Staat verpflichten. Dieser Abschnitt beginnt mit der Menschenwürde, augenscheinlich einer Norm mit einer besonderen Bedeutung für die ganze Verfassung. Dieser folgen die anderen Grundrechte. Fast alle in den folgenden Abschnitten des Grundgesetzes bis zum Ende in Art. 146 GG stehenden Normen stellen dagegen keine Grundrechte, sondern Organisationsnormen dar, die den Aufbau der Staatsgewalt der Bundesrepublik Deutschland regeln. Eine erste systematische Teilung unterscheidet also zwischen den Rechten aller Bürger einerseits und den Sonderregeln, an die nur der Staat gebunden ist, andererseits.

Die Normen des Organisationsrechts ab dem zweiten Abschnitt beginnen, typisch für das Grundgesetz und später für andere Verfassungen vorbildlich, mit einer Norm, die die Grundprinzipien des Grundgesetzes aufzählt: Art. 20 Abs. 1 GG nennt Demokratie, Bundesstaat, Sozialstaat und Republik. Der Rechtsstaat ist nicht genannt, war aber auch gemeint, und zumindest einige seiner Elemente, wie die Gesetzesbindung, finden in Art. 20 GG Erwähnung. Klassischerweise beschränkten sich Verfassungstexte auf spezielle Regeln wie die Ausgestaltung des Gesetzgebungsverfahrens und verzichteten auf die Normierung von Prinzipien. Anders als im Grundgesetz wird man ein Demokratieprinzip etwa in der amerikanischen Verfassung vergeblich suchen.

Die folgenden Abschnitte des Organisationsteils sind wiederum nach einer doppelten Systematik geordnet: Zunächst zählt das Grundgesetz die Organe des Bundes auf und definiert ihre Kompetenzen: Bundestag, Bundesrat, Bundesregierung, Bundespräsident (III.–VI.). Danach schließt es drei Abschnitte an, die nach den drei Gewalten, gesetzgebende Gewalt, vollziehende Gewalt, also Exekutive, und rechtsprechende Gewalt, also Gerichtsbarkeit, geordnet sind (VII.–IX.). Diese Systematik macht es nicht immer einfach, die einschlägige Norm zu finden, denn offensichtlich können sich beide Ordnungskriterien überschneiden. Man muss wissen, wo man suchen muss: Die Regel, dass ein Gesetz mit der Mehrheit der Stimmen im Bundestag zu beschließen ist, könnte genauso gut beim gesetzgebenden Organ Bundestag stehen wie im Abschnitt über die Gesetzgebung – und dass die Zustimmung des Bundestages zu völkerrechtlichen Verträgen ausgerechnet beim Abschnitt über den Bundespräsidenten steht, ist wenig schlüssig. Trotzdem gibt dieses Raster einen ersten Anhalt und erfasst die wichtigsten Bestimmungen des Grundgesetzes relativ gut. Die drei anschließenden Abschnitte enthalten Regelungen über die Finanzverfassung, die Notstandsverfassung und Übergangsregelungen (X., Xa., XI.). Eine letzte systematische Hilfe geben schließlich Anfang und Ende des Grundgesetzes: Noch vor der Menschenwürdegarantie führt eine Präambel in die Verfassung ein und stellt klar, wer normativ als Autor des Grundgesetzes zu verstehen ist: «das Deutsche Volk kraft seiner verfassungsgebenden Gewalt». Am Ende, im letzten Artikel des Grundgesetzes, Art. 146 GG, weist das Grundgesetz den Weg zu seiner eigenen Aufhebung oder Weiterentwicklung (S. 56 f.).

Wesentliche Regelungsstrukturen

In seinen beiden Hauptteilen konstituiert das Grundgesetz also eine freiheitliche Ordnung, indem es, wie gesehen, zum Ersten dem Individuum bestimmte Freiheitsrechte garantiert (Art. 1–19 GG) und zum Zweiten den durch das Grundgesetz konstituierten Staat, die Bundesrepublik Deutschland, auf bestimmte Standards verpflichtet (Art. 20–146 GG). Der erste Teil schützt private Freiheiten, der zweite Teil stiftet staatliche

Pflichten. Diese Unterscheidung ist für das Verständnis moderner liberaler Verfassungen wesentlich, auch wenn die Grenze nicht in allen Fällen leicht gezogen werden kann (S. 109 f.). Ein einfaches Beispiel für den Anfang: Ein religiöser Verein kann sich auf die Religionsfreiheit oder die Vereinigungsfreiheit berufen. Er muss nicht demokratisch organisiert sein. Eine staatliche Behörde muss demokratisch legitimiert sein und kann sich bei ihrer Aufgabenwahrnehmung nicht auf Grundrechte berufen.

Die entscheidende normative Achse des Grundgesetzes verläuft daher nicht zufällig zwischen der letzten Norm des Grundrechtsteils und der ersten Norm des Organisationsteils. Art. 19 Abs. 4 Satz 1 GG lautet: «Wird jemand durch die öffentliche Gewalt in seinen Rechten verletzt, so steht ihm der Rechtsweg offen.» Dies ist eine durchaus revolutionäre Entscheidung, die *alle* Eingriffe in die Rechte gerichtlicher Kontrolle unterstellt – so wie andererseits *alle* Staatsgewalt, wie der folgende Art. 20 Abs. 2 S. 1 GG feststellt, vom Volke ausgehen muss. Das Grundgesetz konstituiert ganz bewusst eine *ausnahmslose Ordnung*. In anderen demokratischen Verfassungsstaaten ist es durchaus üblich, Ausnahmen vom Rechtsschutz etwa für die Bekämpfung des Terrorismus vorzusehen. Im Grundgesetz ist dies dem Gesetzgeber verwehrt, auch wenn das Grundgesetz mittlerweile eine Ausnahme zugelassen hat (S. 86). Art. 19 Abs. 4 GG gibt dem Grundrechtsteil durch die Garantie gerichtlicher Kontrolle institutionelle Zähne. Der folgende Art. 20 GG definiert dann als erste Norm des Organisationsteils die entscheidenden organisationsrechtlichen Prinzipien: Demokratie, Rechtsstaatlichkeit, Bundesstaatlichkeit, Sozialstaatlichkeit und das praktisch weniger bedeutende Prinzip der Republik, das die Wiedereinführung der Monarchie verbietet.

Mit einer von Hannah Arendt verwendeten Unterscheidung können wir von einem herrschafts*begründenden* und einem herrschafts*begrenzenden* Teil des Grundgesetzes sprechen. Der Grundrechtsteil enthält die wesentliche Herrschaftsbegrenzung. Der Organisationsteil, insbesondere das Demokratieprinzip und die Regeln für den demokratischen Prozess begründen erst den Herrschaftsverband der Bundesrepublik Deutschland. Aber auch der Organisationsteil enthält herrschaftsbegrenzende Elemente wie das Rechtsstaatsprinzip.

Um die Grundrechte verstehen zu können, muss man den Zusammenhang zwischen beiden Teilen erkennen: Fast alle grundrechtlichen Garantien stehen unter einem sogenannten Vorbehalt des demokratischen Gesetzes. Damit sind Regelungen wie beispielsweise Art. 2 Abs. 2 S. 3 GG gemeint, der, nachdem zuvor bestimmte persönliche Freiheitsrechte wie die körperliche Bewegungsfreiheit garantiert wurden, feststellt: «In diese Rechte darf nur auf Grund eines Gesetzes eingegriffen werden.» Die Garantien der freien Entfaltung der Persönlichkeit wirken also – wie die meisten Grundrechte – nicht absolut. Dem Staat ist es durch die Grundrechte nicht völlig verwehrt, in die körperliche Bewegungsfreiheit einzugreifen. Wenn er es aber tut, muss er neben der Einhaltung der Verhältnismäßigkeit (S. 74 ff.) durch den parlamentarischen Gesetzgeber handeln. Dies ist auf den ersten Blick enttäuschend. Viele Leser meinen, dass der Staat, sobald er ein Grundrecht beschränkt, gegen das Grundgesetz verstoße. Dies wäre in dieser Absolutheit aber kaum wünschenswert. Die Wahrnehmung einer Freiheit kann auch immer die Freiheiten der anderen betreffen. Die demokratische Gemeinschaft muss sich über die Reichweite der Freiheitsrechte bis zu einer bestimmten Grenze einigen. Indem der Gesetzgeber die Regelung treffen muss, ist garantiert, dass der Eingriff demokratische Legitimation genießt. So hängen Herrschaftsbegründung und Herrschaftsbegrenzung zusammen.

Die schon im Grundrechtsteil betonte Rolle des parlamentarischen Gesetzes bringt zugleich die beiden wichtigsten Organisationsprinzipien des Grundgesetzes zum Ausdruck, die in Art. 20 GG garantiert sind: Demokratie und Rechtsstaatlichkeit. Das Demokratieprinzip wird im Grundgesetz mit dem wunderbaren Satz «Alle Staatsgewalt geht vom Volke aus.», Art. 20 Abs. 2 Satz 1 GG, bedacht, dem wir uns gleich noch genauer zuwenden werden (S. 52 f.). Das vom Bundestag beschlossene parlamentarische Gesetz ist aber nicht nur Ausdruck demokratischer Selbstbestimmung, sondern es liefert auch eine rechtliche Form. Gesetze sind im Gesetzblatt zu veröffentlichen und ihre Einhaltung kann von Gerichten überprüft werden. Beide Eigenschaften entsprechen den Anforderungen des Rechtsstaatsprinzips, das den Staat darauf verpflichtet, in seinem Handeln Formen des Rechts zu beachten, auf deren Einhaltung die Bürger vertrauen können: Nur wenn die demokratischen Entscheidungen ein gewisses Maß an Eindeutigkeit und Vorhersehbarkeit haben, können die Bürger ihre Rechte ohne Furcht vor unbegründeten Sanktionen wahrnehmen. Das garantiert das Rechtsstaatsprinzip.

Gesetze werden vom Bundestag beschlossen, in den meisten Fällen auf Initiative der Bundesregierung. Der Bundestag wählt die Bundeskanzlerin (Art. 63 GG), die ihre Minister auswählt und dem Bundespräsidenten zur Ernennung vorschlägt (Art. 64 GG). Die Bundesregierung bedarf des politischen Vertrauens der Mehrheit des Deutschen Bundestags (S. 80 f.). Damit normiert das Grundgesetz ein parlamentarisches Regierungssystem, in dem Parlament und Regierung nicht in einem politischen Konkurrenzverhältnis zueinander stehen, sondern die Mehrheit des Bundestages mit der Bundesregierung politisch kooperiert. Im parlamentarischen Regierungssystem verläuft die entscheidende Linie der Gewaltenteilung also nicht zwischen Bundestag und Bundesregierung, sondern zwischen der Regierungsmehrheit und der Opposition, die die Regierung durch Anfragen und Untersuchungsausschüsse kontrollieren kann.

Zugleich kreiert das Grundgesetz eine bundesstaatliche Ordnung, in der Bund und Länder nach denselben demokratischen und rechtsstaatlichen Grundsätzen aufgebaut sein müssen (Art. 28 Abs. 1 GG). Bund und Länder sind in gleicher Weise Staaten, die über drei Staatsgewalten und einen eigenen demokratischen Willensbildungsprozess verfügen. Die Länder müssen zugleich garantieren, dass die Gemeinden und Landkreise eigene Entscheidungskompetenzen erhalten und demokratisch legitimiert sind (Art. 28 Abs. 2 GG). Das Grundgesetz, das ja durch die Länder geschaffen wurde (S. 18), gibt den Ländern alle Zuständigkeiten, die im Grundgesetz nicht ausdrücklich dem Bund zugeschlagen sind (Art. 30, 70, 83 GG). Große Teile des Verfassungstextes zählen solche Kompetenzen des Bundes auf – und zwar nach den drei Gewalten geordnet, Kompetenzen zur Gesetzgebung, zur Gesetzesvollziehung und zur Rechtsprechung. Im Ergebnis hat der Bund die meisten Gesetzgebungskompetenzen (S. 84 ff.), die Länder die meisten Vollzugskompetenzen. Im Regelfall macht also der Bund die Gesetze, die die Länder ausführen. Zugleich können die Länder durch den Bundesrat an der Gesetzgebung mitwirken, in manchen Fällen nur beratend, in anderen, in denen ihre Angelegenheiten berührt werden, mitentscheidend. Schließlich richtet das Grundgesetz ein Bundesverfassungsgericht ein, das die Einhaltung der grundgesetzlichen Regeln unabhängig überprüfen kann (Art. 93 GG).

2. Zentrale Normen des Grundgesetzes in der Lektüre

Um ein Gefühl für den Umgang mit dem Grundgesetz zu bekommen, wollen wir im Folgenden einige seiner wichtigen Aussagen näher betrachten. Eine solche Lektüre kann eine systematische Einführung in das Verfassungsrecht sicherlich ebenso wenig ersetzen wie einen echten Kommentar zum Grundgesetz – sie mag aber einen Eindruck davon geben, wie eine juristische Lektüre der Verfassung funktioniert und an welche Grenzen sie stößt.

«Die Würde des Menschen ist unantastbar. Sie zu achten und zu schützen ist Verpflichtung aller staatlichen Gewalt.»

Das Grundgesetz beginnt mit der Menschenwürde und dadurch mit einem Bekenntnis zu einer Ordnung, die sich vom Nationalsozialismus abgewendet hat. Dies war im Ergebnis in den Beratungen des Parlamentarischen Rates unbestritten, wenn auch die Bedeutung dieser Garantie, wie wir gesehen haben, zwischen christlich inspiriertem und demokratischem Verfassungsverständnis umstritten blieb (S. 30 ff.). Schmid und Süsterhenn stritten zwar über die *Begründung*, aber sie waren sich doch einig über die *Bedeutung* der Menschenwürde. Man konnte diese vielleicht nicht positiv definieren, aber doch erkennen, wenn gegen sie verstoßen wurde. Die Erfahrung des Totalitarismus gab ihnen und der folgenden Diskussion für sehr lange Zeit diese erstaunliche Gewissheit. Der Philosoph Theodor W. Adorno sah es anders. Als er die Garantien in der Allgemeinen Erklärung der Menschenrechte der Vereinten Nationen aus dem Jahr 1948 las, irritierte ihn der Versuch, das «Unsagbare» des Völkermordes durch juristische Formeln «kommensurabel» zu machen.

Diese Skepsis des Philosophen hat sich nach 60 Jahren Grundgesetz als berechtigt erwiesen. Nachdem es sich die Gerichte mangels echter Probleme leisten konnten, auch Dinge unter den Begriff der Menschenwürde zu fassen, die mit ihr wirklich wenig zu tun haben dürften, wie Peep-Shows und andere sexuelle Bagatellen, zerbrach der Konsens über die juristische Bedeutung schnell und gründlich. Selbst über das Verbot der Folter können sich die Verfassungsrechtler heute nicht mehr einigen und über diese Diskussion stürzte im Jahre 2008 ein Kandidat für das Amt eines Richters des Bundesverfassungsgerichts.

Je mehr gesellschaftliche Probleme heute mit der Menschenwürde gelöst werden sollen – von der Stammzellforschung bis zum Abschuss von Passagierflugzeugen zur Terrorbekämpfung –, desto geringer wird der Konsens über ihre Bedeutung. Heute kann man ohne Übertreibung feststellen, dass die Interpretation aller anderen Grundrechte weniger umstritten ist als diejenige der Menschenwürde. Die Norm, die eigentlich als Fundament aller folgenden Normen des Grundgesetzes dienen sollte, ist vielleicht genau an dieser Aufgabe gescheitert: Denn während verfassungsrechtliche Normen spezifische Fragen mit allgemeinen Formulierungen beantworten sollen, können sie kaum den Konsens eines pluralen demokratischen Systems in einem unumstrittenen Begriff zusammenfassen.

Der Streit um die Bedeutung der Menschenwürde lässt sich noch eine Stufe konkreter an seinem oben zitierten Wortlaut illustrieren: Geht es um das «achten» oder das «schützen» der

Menschenwürde? Mit Achtung verbinden wir einen Staat, dem es verboten ist, Menschen auf eine bestimmte Art und Weise zu behandeln. Schutz aber legt staatliches Handeln nahe, dass es auch anderen verbietet, Menschen unwürdig zu behandeln. Aus dem Schutzgebot mag man ableiten, dass die Polizei einen Menschen zwingen darf – oder gar zwingen muss? –, eine Aussage zu machen, die einen anderen Menschen aus einer menschenunwürdigen Situation rettet, etwa indem sie ihn foltert. Diese Deutung erscheint zweifelhaft, weil der Sinn der Norm darin zu bestehen scheint, dass der Staat sich nicht mit Menschen gemeinmacht, die die Würde eines Menschen missachten. Einer normativen Ordnung kann es nie darum gehen, ein Ziel unter allen Umständen zu verfolgen, egal mit welchen Mitteln. Der Schluss vom Zweck auf die Mittel soll hier gerade ausgeschlossen werden. Aber damit ist man bereits in einer Diskussion, die sich an den Worten «Achtung» und «Schutz» festmacht.

Was immer wir aus der Würde machen. Es ist klar, dass nur eine enge Definition uns dabei helfen kann, wieder einen gemeinsamen Boden der Auslegung zu finden. Der inflationäre Gebrauch der Formel durch Parteien, Verbände und Kirchen, die sich das moralische Gewicht der Menschenwürde recht bedenkenlos zunutze machen (S. 116 f.), hat zur Bedeutungskrise beigetragen. Erinnern wir uns also daran, dass die Würde des *Menschen* erst einmal das ist, was Menschen von Tieren unterscheidet: ihre Vernunft, aber nicht ihr Leben.

«Alle Menschen sind vor dem Gesetz gleich.»

Gleich sind alle Menschen «vor dem Gesetz». Das bedeutet, dass sie zunächst einmal vom Grundgesetz in ihrer Verschiedenheit anerkannt werden. Dies ist notwendiger Teil einer liberalen Ordnung. Die Anwendung des Gesetzes aber darf zwischen ihnen keine Unterschiede machen. Sie dürfen nicht individuell diskriminiert werden. Insbesondere die im folgenden Absatz genannten Kriterien wie etwa Rasse oder Geschlecht dürfen keinen Anlass geben, jemanden anders zu behandeln als die anderen. Die zitierte Formulierung des Art. 3 Abs. 1 GG, die dem

Wortlaut der Weimarer Reichsverfassung entspricht, scheint sich zunächst nur an die Verwaltung und die Gerichte zu richten, denn diese beiden Gewalten wenden die Gesetze an. Aus der Bindung der gesamten Staatsgewalt an die Grundrechte folgt allerdings, dass auch der Gesetzgeber auf den Gleichheitssatz verpflichtet ist. Spätestens hier beginnen die Probleme. Wie kann ein demokratisches Gesetz, das von allen für alle gemacht wurde, gegen den Gleichheitssatz verstoßen? Indem es bestimmte Unterscheidungen trifft? Gesetze müssen Unterscheidungen treffen. Sie definieren Altersgrenzen, setzen Fristen und bestimmen Freibeträge, die bestimmten Gruppen mehr entgegenkommen als anderen. Solche Unterscheidungen können nicht per se gegen den Gleichheitssatz verstoßen, sonst wäre jede demokratische Gestaltung ausgeschlossen. Das Bundesverfassungsgericht hat sich aus diesem Grund mit einer vielfach variierten Willkür-Formel beholfen. Gesetze verstoßen gegen den Gleichheitssatz, wenn sie Gleiches willkürlich ungleich oder Ungleiches willkürlich gleich behandeln. Eine solche Formulierung gebietet zunächst einmal gerichtliche Zurückhaltung. Für Fälle, in denen sich für eine gesetzgeberische Differenzierung kein nachvollziehbarer Grund finden lässt, wirkt der Gleichheitssatz als eine Art Notbremse. In einer ähnlichen Art und Weise verwendet das Bundesverfassungsgericht den Gleichheitssatz auch bei Gerichten, wenn diese Gesetze in nicht nachvollziehbarer Weise auslegen.

Gleichheit ist freilich nur ein anderes Wort für Gerechtigkeit. Entsprechend schwierig ist es, dem Gleichheitssatz – wohl der ungreifbarsten Vorschrift des Grundrechtsteils – eine konsistente Bedeutung zu geben. Wenn das Verfassungsrecht den Gleichheitssatz zu einem Überprinzip ausbaut, wird der demokratische Gesetzgeber mit vergleichsweise luftigen Konstruktionen beschränkt, die bei näherer Analyse wie normative Zirkelschlüsse wirken. Die Rechtsprechung zum Steuerrecht, die sich naturgemäß allgemeiner Beliebtheit erfreut, gibt hier Anschauungsmaterial. Wenn das Bundesverfassungsgericht Entscheidungen unterer Gerichte im Namen des Willkürverbots aufhebt, greift es zum süßen Gift der gerechten Einzelfallentscheidung, deren Folgen für die gesamte Rechtsordnung nicht immer ebenso segensreich sind.

«Jeder hat das Recht, seine Meinung in Wort, Schrift und Bild frei zu äußern und zu verbreiten ...»

Das Grundgesetz kennt – nimmt man die Menschenwürde einmal aus, die besonders geschützt ist (S. 58) – keine Hierarchie der Grundrechte. Trotzdem ist klar, dass manche Grundrechte nicht allein individuelle Freiheiten bewahren, sondern auch für die Ordnung im Ganzen von Bedeutung sind. So ist es im Fall der Meinungsfreiheit, ohne die es keine demokratische Ordnung geben kann. Zugespitzt formuliert: Wahlen gibt es in so gut wie allen Ordnungen. Ob es sich dabei um wirklich demokratische Wahlen handelt, erkennt man leicht, wenn man versucht, sich mit einem Plakat, auf dem eine oppositionelle Forderung steht, auf den Marktplatz der Hauptstadt zu stellen. Wo dies möglich ist, herrscht Meinungsfreiheit, und dort besteht auch eine gute Chance auf offene und faire demokratische Wahlen.

Das Bundesverfassungsgericht hat diese Bedeutung früh erkannt und in der Lüth-Entscheidung (S. 73) festgestellt, dass der Schutz der Meinungsfreiheit für die Demokratie «schlechthin konstitutiv» sei. Das bedeutet nicht, dass die Meinungsfreiheit nicht einschränkbar wäre, aber es bedeutet, dass eine solche Einschränkung einer gesetzlichen Grundlage und eines besonders schwerwiegenden Belangs zu seiner Rechtfertigung bedarf. Fälle, in denen der Staat die Meinungsfreiheit aus eigenen Interessen einschränkt, sind selten. Der bedeutendste ist das mit Strafe belegte Verbot, nationalsozialistische Gräueltaten «zu leugnen, zu billigen oder zu verharmlosen». Da der Holocaust ein historisches Faktum darstellt, könnte man sich fragen, warum es beim Leugnen überhaupt um den Schutz der «Meinung» gehen sollte. Aber da Meinungen und Fakten gerade in der politischen Diskussion oft ineinander übergehen, schützt die Meinungsfreiheit zu Recht auch Aussagen, die sowohl einen Faktengehalt als auch eine Bewertung enthalten. Das Verbot einer spezifischen Meinung – wie sie die Billigung der Judenvernichtung darstellt – wäre normalerweise ein unzulässiger Eingriff in die Meinungsfreiheit. Ob die vorliegende Regelung im Strafgesetzbuch zulässig ist, erscheint zweifelhaft. Jede Rechtfertigung, die über den Hinweis auf diesen Sonderfall der deutschen Geschichte hinausginge, würde letztlich das Ende der Meinungsfreiheit bedeuten.

Wirklich gefährdet ist die Meinungsfreiheit heute weniger durch staatliches Handeln als durch Private. Viele Meinungsäußerungen wie auch andere geschützte Kommunikationsformen können Persönlichkeitsrechte betreffen: von Prominentenphotos am Strand bis zur wiedererkennbaren Darstellung von Personen in einem Roman. Die Meinungsfreiheit ist im Grundgesetz auch durch das «Recht der persönlichen Ehre» beschränkt. Wenn man Ehre und Persönlichkeitsrechte zu großzügig definiert, und wenn Prominente, insbesondere Politiker, die eigentlich die Öffentlichkeit suchen, sich auf diese Rechte berufen, verlieren die Kommunikationsfreiheiten ihre Wirksamkeit.

«Das Eigentum und das Erbrecht werden gewährleistet. Inhalt und Schranken werden durch die Gesetze bestimmt. Eigentum verpflichtet. Sein Gebrauch soll zugleich dem Wohle der Allgemeinheit dienen.»

Die Garantie des Eigentums gehört zu den schwierigsten Normen des Grundrechtsteils. Hier scheint das Grundgesetz mit der einen Hand zu nehmen, was es mit der anderen gegeben hat: Es garantiert das Eigentum und macht es doch sozialpflichtig. Um die Norm zu verstehen, muss man sich zunächst eines klar machen: Es gibt kein privates Eigentum – kein Haus im Grünen und keinen Eigenwagen ohne eine staatliche Rechtsordnung. Der Gesetzgeber beschränkt nicht allein das Eigentum, er garantiert zunächst einmal, dass es Eigentum gibt. Denn ohne staatliche Rechtsordnung gäbe es keine Regeln, mit denen man Eigentum erwerben könnte, keine eindeutige Zuordnung von Eigentum wie im Grundbuch und keine staatlich durchsetzbaren Ansprüche, sein Eigentum zu nutzen und zu schützen. Am Anfang des Privateigentums steht also nicht einfach der Grundbesitzer auf seiner Scholle, sondern eine Rechtsordnung, die es allen erlaubt, über eigene Gegenstände zu verfügen. Diese Rechtsordnung findet sich im deutschen Recht im Privatrecht, im Bürgerlichen Gesetzbuch. Dieses trat 1900 in Kraft und löste andere Eigentumsregelungen ab. Die Regeln des privaten Eigentums sind also viel älter als das Grundgesetz. Das Grundgesetz fand privates Eigentum vor und verpflichtete sich, ein solches Institut freier Verfügbarkeit von Sachen weiter in der Rechtsordnung zu bewahren. Wenn der Staat das Eigentum aber erst einrichtet, dann ist es auch von vornherein beschränkt. Es stößt etwa an die Grenzen des Eigentums anderer Personen. Das BGB formuliert: «Der Eigentümer einer Sache kann, soweit nicht das Gesetz oder Rechte Dritter entgegen stehen, mit der Sache nach Belieben verfahren und andere von jeder Einwirkung ausschließen.»

Damit wird es für den Verfassungsrechtler schwer zu unterscheiden, wann der Gesetzgeber das Eigentum nur ausgestaltet und wann er in das Eigentum tatsächlich so eingreift, dass eine Enteignung vorliegt, die nur unter den engen Voraussetzungen des Art. 14 GG zulässig ist. Greift er ein, so muss er sich dabei an die allgemeinen Regeln der Verhältnismäßigkeit halten, die das Bundesverfassungsgericht in seiner Frühzeit entwickelt hat (S. 74). Wird in das Eigentum nicht nur eingegriffen, sondern wird es dem Eigentümer völlig entzogen, etwa weil eine Autobahn durch sein Grundstück gebaut werden soll, so muss er für diese Enteignung eine Entschädigung erhalten.

Es gehört zu den großen Problemen des Verfassungsrechts, wie man mit Eingriffen umgeht, die dem Eigentümer formell noch sein Eigentum belassen, ihn also nicht enteignen, aber ihm trotzdem kaum Möglichkeiten belassen, mit der Sache etwas anzufangen. Ein altes Haus unter Denkmalschutz oder eine Kiesgrube in einem Wasserschutzgebiet sind solche Gegenstände, die man nicht selten weder verkaufen noch anderweitig nutzen kann. Ob und wenn ja, wann solche Eingriffe verfassungswidrig oder zumindest entschädigungsbedürftig sind, bleibt eine Streitfrage.

«Alle Staatsgewalt geht vom Volke aus.»

Um einen der beeindruckendsten Sätze des Grundgesetzes handelt es sich bei Art. 20 Abs. 2 S. 1 GG – nicht nur um ein feierliches Bekenntnis, sondern auch um eine echte Norm. Echte Normen haben in der Sprache der Juristen Tatbestand und Rechtsfolge, sie werden in eine konditionale Beziehung gestellt: *Wenn* jemand einen Mord begeht (Tatbestand), *dann* wird er mit lebenslanger Freiheitsstrafe bestraft (Rechtsfolge). Auch wenn es auf den ersten Blick nicht so aussieht, hat auch unsere Norm diese Struktur. Umformuliert lautet er: *Wenn* der Staat handelt (Tatbestand), *dann* muss diese Handlung vom Volke ausgehen (Rechtsfolge). Die Bedeutung beider Elemente versteht sich nicht von selbst. In vielen Fällen ist es offensichtlich, dass der Staat handelt, immer dann, wenn er eine gegenüber dem Bürger einseitige Entscheidung mit verbindlichen Folgen trifft, etwa wenn die Polizei jemanden festnimmt oder das Finanzamt einen Steuerbescheid erlässt. Aber es gibt Grenzfälle: Handelt es sich bei einer Erhöhung der Fahrpreise durch die Deutsche Bahn AG um Ausübung von Staatsgewalt? Die Bahn ist der Form nach eine private Aktiengesellschaft, aber in der Sache gehört dieses Unternehmen im Moment ganz und in der Zukunft noch mehrheitlich der Bundesrepublik Deutschland. Üben die «Wirtschaftsweisen» oder der Ethikrat Staatsgewalt aus? Immerhin haben sie einen gewissen Einfluss auf die Politik der Bundesregierung, aber wirkliche Entscheidungen treffen sie nicht.

Ist dieses Problem geklärt, stellt sich die Frage nach der Rechtsfolge. Was bedeutet es, dass alle Staatsgewalt «vom Volke ausgehen» muss? Man könnte sagen, dass alles, was der Bund tut, auch davon abhängen muss, wie demokratische Entscheidungen gefällt werden. Anders formuliert: Es darf keinen Teil der Staatsorganisation geben, der trotz der Wahl eines neuen Bundestages mit einer neuen Mehrheit einfach weitermachen kann wie zuvor. Die Übertragung demokratischer Willensbildung erfolgt dabei in der Regel auf zweierlei Wegen: zum einen durch demokratische Gesetze, die die sachlichen Maßstäbe des Handelns von Verwaltungen und Gerichten definieren; zum anderen durch die Verantwortlichkeit von Personen, deren Ernennung durch ihrerseits demokratisch verantwortliche Personen, namentlich durch die parlamentarisch verantwortlichen Minister geschehen muss. In diesem Modell demokratischer Legitimation verlaufen alle beide, der sachliche und der personale Strang demokratischer Legitimation, durch das Parlament, also durch den Deutschen Bundestag.

Ob diese Konzeption von Legitimation ausreichend ist, gehört zu den umstrittensten Fragen des Verfassungsrechts. Zwei Probleme seien zumindest erwähnt: Das erste betrifft die Frage, wer zum Volk gehört. Dies sind nach der herrschenden Ansicht nur die Staatsangehörigen der Bundesrepublik Deutschland. Damit werden aber auch Personen von der demokratischen Mitbestimmung ausgeschlossen, die auf Dauer und mit Einwilligung des Staates hier leben und der deutschen Staatsgewalt unterworfen sind. Zumindest für die Kommunalwahlen könnte man an eine Aufweichung denken, die über die Beteiligung von EU-Bürgern hinausgeht. Das zweite Problem betrifft die Effektivität des oben beschriebenen demokratischen Modells. Es unterstellt eine Form von parlamentarischer und ministerialer Kontrolle des Staatshandelns bis hinunter zu jedem einzelnen kleinen Akt, die sich in der Praxis nicht immer wiederfinden dürfte. Man mag sich also fragen, ob diese Form der Legitimation tatsächlich demokratisch genug ist – oder ob es anderer ergänzender Formen der Legitimation bedarf, um das Handeln des Staates gegenüber den Bürgern zu rechtfertigen.

«Die Parteien wirken bei der politischen Willensbildung des Volkes mit.»

In der parlamentarismusfeindlichen Zeit des Kaiserreichs und der Weimarer Republik galt die Auseinandersetzung zwischen politischen Parteien als unpatriotisch und dem Gemeinwohl abhold. Aus diesem Grund fanden Parteien in der Weimarer Reichsverfassung keinen Raum. Dies wollten die Autoren des Grundgesetzes nicht wiederholen und gaben darum politischen Parteien einen sehr prominenten Platz in der Systematik des

Grundgesetzes (S. 34, in Art. 21 GG unmittelbar hinter der Fundamentalnorm des Art. 20 GG). In der Erwähnung der Parteien zeigt sich zunächst einmal ein für das Grundgesetz typisches Vertrauen, gesellschaftliche Vorgänge wie die Entstehung eines Parteiensystems regeln zu *können*. Zugleich bereitete diese Entscheidung eine Rechtsprechung des Bundesverfassungsgerichts vor, die unter Anleitung des berühmten Staatsrechtlers und Richters Gerhard Leibholz den Parteien eine außergewöhnlich starke Rolle im Grundgesetz gibt. Leibholz, ein Verfolgter des Nationalsozialismus, der Schwager von Dietrich Bonhoeffer, hatte bereits in der Weimarer Republik eine substantialistische Konzeption demokratischer Repräsentation entwickelt, die er nunmehr als «Parteienstaatslehre» in die Rechtsprechung des Bundesverfassungsgerichts einbauen konnte. So gab er den Parteien eine starke prozessuale Stellung, die sie mit Verfassungsorganen gleichstellte, wie auch Ansprüche auf staatliche Finanzierung. Parteien behandelte das Grundgesetz – ähnlich wie Kirchen oder Rundfunkanstalten – nicht gut liberal als private Vereine; vielmehr gab es ihnen einen Sonderstatus, der bereits in dem oben zitierten Satz angelegt ist. Heute fragen wir uns, ob es des Guten nicht etwas zu viel war. Dass wir uns ohne Parteien keine parlamentarische Demokratie vorstellen können, rechtfertigt vieles – aber vielleicht nicht die Anwesenheit von Parteienvertretern in allen möglichen Gremien oder die parteipolitische Besetzung von Grundschuldirektorenposten. Diese Kritik zu formulieren bleibt jedoch schwierig, weil viele Kritiker der Parteien in antiparlamentarische Stereotype zurückfallen. Noch schwieriger ist es, für das Problem eine verfassungsrechtliche Lösung zu finden. Immerhin stellt Art. 33 Abs. 2 GG fest: «Jeder Deutsche hat nach seiner Eignung, Befähigung und fachlichen Leistung gleichen Zugang zu jedem öffentlichen Amte.» Diese Norm gewinnt jedoch erst an Wirksamkeit, wenn Bewerber dazu bereit sind, sich einen Posten im öffentlichen Dienst vor Gericht zu erstreiten. Dies wird immer nur in Einzelfällen geschehen. Eine systematische Lösung des Problems kann nur aus dem politischen Prozess kommen, der dieses Problem verursacht hat.

«Die Abgeordneten (...) sind frei und nur ihrem Gewissen unterworfen.»

Wenige Sätze des Grundgesetzes werden so missverstanden wie der in unserer Überschrift zusammengezogene Art. 38 Abs. 1 GG. Wenn Abgeordnete des Deutschen Bundestages nur ihrem Gewissen unterworfen sind, warum müssen sie sich dann dem Druck ihrer Fraktionen und Parteibosse, der Presse oder der Lobbyisten beugen? In der allgemeinen Wahrnehmung werden Abgeordnete, die sich gegenüber dem politischen Prozess auflehnen, um etwa einsam und allein gegen einen Militäreinsatz zu stimmen, schnell zu heroischen Gestalten. Kommt das Grundgesetz ihnen mit dieser Norm zu Hilfe? Schützt es sie vor dem Druck? Die Antwort lautet: nein.

Der politische Druck, unter dem Abgeordnete stehen, ist im Verfassungsrecht durchaus erwünscht. Schließlich sollen Bundestagsabgeordnete nicht einfach tun, was sie wollen, sondern unter den Bedingungen öffentlicher Meinungsbildung eine parlamentarische Mehrheitsherrschaft ermöglichen. Dass dies die permanente Belagerung durch Partei- und Interessenvertreter bedeutet, war den Autoren des Grundgesetzes völlig klar. Warum aber haben sie dann eine solche Norm in das Grundgesetz aufgenommen?

Die Norm richtet sich zunächst nicht gegen öffentlichen Druck, sondern gegen staatliche Regelungen, die dem Abgeordneten die eigene Entscheidung abnehmen. Der Abgeordnete darf nicht durch formale Sanktionen, etwa durch Strafen oder andere *rechtliche* Nachteile zu einer bestimmten Entscheidung gezwungen werden. Aber er darf sehr wohl *politische* Nachteile erleiden, etwa wegen eines bestimmten Abstimmungsverhaltens nicht mehr als Kandidat für den Bundestag aufgestellt zu werden. Wenn die Mehrheit innerhalb einer Partei die Leistung des Abgeordneten nicht überzeugend fand, muss die Partei die Möglichkeit haben, jemanden anderes aufzustellen, sonst wäre sie nicht demokratisch legitimiert. Insoweit bringt der Hinweis auf das «Gewissen» die Einsamkeit des Abgeordneten in geradezu kantianischer Manier zum Ausdruck: Egal welche Entscheidung er trifft, ob er sich dem Druck von außen beugt oder nicht, die getroffene Entscheidung bleibt für die Rechtsordnung immer seine eigene Entscheidung, für die er alleine verantwortlich ist.

Erst wenn die staatliche Rechtsordnung den Abgeordneten vorgibt, wie sie zu entscheiden haben, ist die Norm verletzt. Wann dies der Fall ist, ist umstritten. Lange Zeit war selbst die Bestechung von Abgeordneten für diese straffrei. Denn auch eine gekaufte Entscheidung unterfällt der Gewissensfreiheit der Abgeordneten. Unbestritten ist, dass der Gesetzgeber dem Abgeordneten keine Vorschriften machen darf, wie viel er zu arbeiten hat. Der Abgeordnete ist kein Arbeitnehmer, auch kein Beamter. Sehr strittig ist, inwieweit der Abgeordnete dazu verpflichtet werden kann, offenzulegen, für wen er nebenher arbeitet, vor allem aber, von wem er zusätzlich Geld bekommt. Für die Wähler und für die Integrität des demokratischen Prozesses ist das keine unwichtige Information, für die Abgeordneten aber möglicherweise eine Beschränkung ihrer Freiheit.

«Dieses Grundgesetz ... verliert seine Gültigkeit an dem Tage, an dem eine Verfassung in Kraft tritt, die von dem deutschen Volke in freier Entscheidung beschlossen worden ist.»

Art. 146 GG ist der letzte Artikel des Grundgesetzes. Dem deutschen Volk wird die Möglichkeit eingeräumt, sich eine neue Verfassung zu geben und damit das Grundgesetz abzulösen. Wie sich eine solche Aufhebung des Grundgesetzes als Regelung innerhalb des Grundgesetzes verstehen lassen soll, ist allerdings schwer zu verstehen: Denn die Beendigung der Ordnung wäre eben eine demokratische Revolution, die gerade keiner Ermächtigung in einer Verfassung bedarf. Kann eine Norm jemanden ermächtigen, der sich gerade dadurch auszeichnet, an keine Norm gebunden zu sein? Art. 146 GG diente ursprünglich der Ermöglichung der Wiedervereinigung. Sie erkannte das Grundgesetz insoweit als ein Provisorium an. Während des Prozesses der Wiedervereinigung wurde die Möglichkeit verhindert, die Norm für denjenigen Fall tatsächlich zur Anwendung zu bringen, für den sie gemacht wurde – wie wir sehen werden, nicht völlig zu Unrecht (S. 81 ff.). Heute ist die Norm wieder auf der Suche nach einer Anwendungsmöglichkeit. Zu denken ist eigentlich nur an Konstellationen, in denen es einen weitestgehenden demokratischen Konsens über die Einführung einer Ordnung gäbe, die sich mit den Grundprinzipien des Grundgesetzes nicht vereinbaren ließe – sonst könnte man einfach das Grundgesetz ändern. Die einzige Möglichkeit, die in den Sinn kommt, ist das Aufgehen der Bundesrepublik in eine andere Ordnung, namentlich in eine weiter fortgeschrittene europäische Föderation, deren Legitimation von einem gesamteuropäischen Volk zu begründen wäre.

3. Textänderungen des Grundgesetzes

Die Bedeutung einer Verfassung kann sich wandeln wie die Bedeutung jedes Textes. Das Grundgesetz kann aber auch formell geändert werden, wenn Bundestag und Bundesrat mit einer Mehrheit von zwei Dritteln dies beschließen. Bei einer Änderung des Grundgesetzes muss immer auch der Text der Verfassung geändert werden. Das klingt selbstverständlich, ist es aber keineswegs. In vielen Verfassungen – so in der Weimarer Reichsverfassung – konnten Gesetze die Verfassung «durchbrechen», ohne den Text zu ändern. Das bedeutet: Eine für eine Verfassungsänderung ausreichende parlamentarische Mehrheit konnte ein Gesetz beschließen, das eigentlich gegen die Verfassung verstieß, ohne dass der Text der Verfassung geändert wurde. Die Verfassung wurde sozusagen für dieses eine Gesetz außer Kraft gesetzt. Im Ergebnis hinterließ diese Durchbrechung im Text der Weimarer Reichsverfassung keine Spuren. Damit konnte man dem Text der Verfassung das geltende Verfassungsrecht nicht mehr entnehmen. Man hatte alle im Gesetzblatt verstreuten Verfassungsdurchbrechungen zusammenzusuchen, um das geltende Verfassungsrecht zu rekonstruieren. Ein ähnlicher Zustand herrscht heute noch in Österreich.

Im Text des Grundgesetzes haben dagegen bis heute 52 Änderungen deutliche Spuren hinterlassen. Ästhetisch gesehen waren sie sicherlich ein Verlust (S. 60 f.). In der Sache gibt schon der Blick in die Textänderungen einige Bausteine einer kleinen, wenn auch sehr punktuellen Verfassungsgeschichte der Bundesrepublik. Wir werden sie bei der Darstellung des Grundgesetzes innerhalb der institutionellen Geschichte der Bundesrepublik weiterverfolgen (S. 84 ff.).

Das Grundgesetz enthält eine weitere sehr ungewöhnliche Regelung zu seiner Änderbarkeit, die dort zum ersten Mal vorkommen dürfte und die in der Folgezeit anderen Verfassungen und Verfassungsgerichten als Vorbild diente: Art. 79 Abs. 3 GG setzt der Verfassungsänderung materielle Grenzen. Auch eine Zwei-Drittel-Mehrheit in Bundestag und Bundesrat darf weder die Menschenwürde noch die Grundsätze des Art. 20 GG, Demokratie, Rechtsstaat, Bundesstaat, Sozialstaat oder Republik, ändern. Mit dieser Regelung wollte der Parlamentarische Rat eine schleichende politische Aushöhlung seiner Grundsätze verhindern, wie sie in den Monaten nach der Machtergreifung 1933 zu beobachten war. Eine Ordnung, die diesen Grundsätzen nicht entspricht, soll sich jedenfalls nicht mehr als Ordnung des Grundgesetzes darstellen können. In der juristischen Praxis hat die Regelung selten eine Rolle gespielt. Bei zwei Änderungen des Grundrechtsteils, der Regelung, mit der 1968 für Eingriffe in das Geheimnis von Post und Telekommunikation der Rechtsschutz abgeschafft wurde, und der Regelung, die 1998 den sogenannten «Großen Lauschangriff», eine Art Rundum-Überwachung der Wohnung gestattete, prüfte das Bundesverfassungsgericht, ob die Grenzen der Menschenwürde und der Rechtsstaatlichkeit überschritten worden seien. In beiden Fällen wurde dies im Ergebnis verneint, im zweiten Fall jedoch mit Konsequenzen für die Auslegung des geänderten Grundgesetzes. Ein weiteres Gebiet, in dem die Regelung eine Rolle spielen könnte, ist die europäische Integration. Zieht Art. 79 Abs. 3 GG dieser eine absolute verfassungsrechtliche Grenze? Dies wird von manchen Verfassungsrechtlern, vielleicht auch vom Zweiten Senat des Bundesverfassungsgerichts angenommen (S. 90), bleibt aber sehr umstritten.

Verfassungsrechtler und Verfassungsgerichte mögen die Regelung des Art. 79 Abs. 3 GG. Die Idee absoluter Grenzen der Änderbarkeit gibt ihnen eine starke Position. So wurde der Gedanke in andere Verfassungstexte, etwa in die portugiesische Verfassung, aber auch als ungeschriebene Grundlage gerichtlicher Entscheidungen übernommen, beispielsweise vom Indischen Supreme Court. Bedenkt man allerdings, wie sich eine Verfassungsordnung gegenüber Generationen rechtfertigen soll, die nicht über ihre Inhalte entscheiden können, erscheint diese Regelung durchaus als Problem. Denn es ist schwer zu glauben, dass diese Norm uns vor einem autoritären Umsturz bewahren könnte. Wäre die Machtergreifung durch eine entsprechende Regel und ein Verfassungsgericht verhindert worden? Nimmt es uns die Norm ab, für unsere Ordnung zu kämpfen? Trotzdem bindet die Norm uns Nachgeborene ohne Mitsprache, weil wir sie nicht ändern können. Vielleicht wollen wir heute in einer Ordnung ohne Bundesstaatlichkeit oder mit deutlich vertiefter europäischer Integration leben. Sollte uns eine entsprechende mit qualifizierter Mehrheit beschlossene demokratische Entscheidung im Namen einer solchen Norm verwehrt werden?

4. Die Sprache des Grundgesetzes

Wäre das Grundgesetz ein Haus, es sähe aus wie einer der schönen und leichten Zweckbauten, die wir heute mit dem besseren Teil der deutschen Architektur der fünfziger Jahre verbinden und die einen späten Ausläufer in dem erst Ende der sechziger Jahre fertiggestellten wunderbaren Gebäude des Bundesverfassungsgerichts von Paul Baumgarten findet. Das Grundgesetz ist in einer schmucklosen, aber schönen Sprache gehalten, der das anspruchsvolle Anliegen zugrunde liegt, jedem Satz einen eigenen normativen Gehalt zu geben, also ohne rhetorisches Ornament auszukommen, und doch nicht in die juristische Zwanghaftigkeit des üblichen Gesetzgebungsjargons zu verfallen. Dass dies gelungen ist, dürfte auch der gleichfalls überzeugenden

Sprache der Weimarer Reichsverfassung und der Paulskirchenverfassung zu verdanken sein – und es stellt trotzdem ein kleines Wunder dar, das sich weder in der normalen Gesetzgebung noch in den zahlreichen Änderungen des Grundgesetzes wiederholt hat.

Die Sprache des Grundgesetzes wurde einmal vom Verfassungsrichter Andreas Voßkuhle als «vordergründig verständlich» charakterisiert. Daran ist richtig, dass sich Aussagen der Verfassung auf den ersten Blick gut verstehen lassen, ohne dass ihre juristische Bedeutung damit durchdrungen würde. Doch privilegiert die Unterscheidung zwischen vordergründigem und richtigem Verständnis eine technisch-juristische Lektüre des Textes in einer Weise, die der Aufgabe einer demokratischen Verfassung nicht ganz gerecht wird. Das Missverständnis des Laien kann seine eigene politische Berechtigung haben. Wer sich über Sätze wie den von der Staatsgewalt, die vom Volke ausgehe, wundert, wundert sich vielleicht auch dann zu Recht, wenn ein Verfassungsrechtler ihm erklärt, was dieser Satz juristisch bedeutet (S. 52 f.). Daher ist im Verfassungstext immer ein politisches Versprechen zu erkennen, das über die politischen Realitäten hinausgeht. Deshalb sind Verwunderung und Enttäuschung nach Lektüre des Grundgesetzes nicht einfach als Missverständnis abzubuchen, sondern Ausdruck des Anspruchs jeder Verfassung, die politische Ordnung besser zu gestalten, als sie ist.

Mit dem lakonischen Stil des Grundgesetzes ist es leider schon seit längerem vorbei. Das Grundgesetz wurde auch im internationalen Vergleich ungewöhnlich häufig geändert und die dabei verwendete Sprache wurde zu Recht viel beklagt. Man lese nur einmal Art. 16a GG, die Norm zur Reform des Asylrechts. Sie entstand aus einem Kompromiss über den Streit, inwieweit das alte Asylrecht beschränkt werden sollte, ohne es als Recht völlig abzuschaffen. Hier wie in Art. 13 Abs. 3–6 GG, der Einführung des sogenannten «Großen Lauschangriffes», wurden zur Sicherstellung eines politischen Konsenses Regelungen in das Grundgesetz geschrieben, die normalerweise in einfache Gesetze oder Verwaltungsvorschriften gehören. Man sieht hier eine Faustregel am Werk: Je mehr Worte die Verfassung im Grundrechtsteil macht, desto weniger Freiheit gewährt sie. Die geänderten Normen sind zusammen ebenso wortreich wie der restliche Grundrechtsteil. Sie verderben den Leseeindruck und sie nehmen dem Text viel von seiner politischen Würde, die sich aus der einfachen und klaren Definition wichtiger Rechtssätze, nicht aus der technisch unbeholfenen Formulierung von Details ergibt.

Die Ästhetik des Verfassungstextes hat augenscheinlich einen Wert, der über das Ästhetische hinausgeht. Wie die zentrale normative Urkunde einer politischen Ordnung formuliert ist, bringt immer auch das Selbstverhältnis dieser Ordnung zum Ausdruck: Es zeigt, wie hoch oder niedrig, würdig oder unwürdig die Ordnung sich selbst einschätzt. In der amerikanischen Verfassungstradition nähert sich die Verfassung einem heiligen Text an. Dies muss uns kein Vorbild sein. Wir mögen hier auch Selbstüberschätzung vermuten. Trotzdem wird man für das Grundgesetz – auch ohne Szenarien allgemeinen Sprachverfalls Glauben schenken zu müssen – den Eindruck einer gewissen Selbstunterschätzung schwer unterdrücken können. Die Festschreibung von Petitessen in der Verfassung zeigt zum einen, dass das Grundgesetz zu einfach zu ändern ist. Es deutet aber auch klar an, dass unsere politische Kultur vergleichsweise wenig Sinn dafür hat, zwischen dem Definitiven und dem Trivialen, zwischen dem Charakter der Ordnung als solcher und einem politischen Kompromiss zu unterscheiden. Dies dürfte auch der Preis einer Überkonstitutionalisierung sein, in der nicht zuletzt das Bundesverfassungsgericht relativ bedenkenlos bereit ist, jedes Detail in Verfassungsrang zu heben (S. 74). Die Furcht vor politischem Pathos wie vor politischer Symbolik und ein ausgeprägter Legalismus, diese zwei problematischen Eigenschaften der bundesrepublikanischen politischen Kultur verstärken sich hier wechselseitig.

III. Das Grundgesetz als Norm

1. Vorrang der Verfassung

Das Grundgesetz stellt in Art. 20 Abs. 3 GG fest: «Die Gesetzgebung ist an die verfassungsmäßige Ordnung, die vollziehende Gewalt und die Rechtsprechung sind an Gesetz und Recht gebunden.» Mit dieser Regelung bindet es den Gesetzgeber an die Inhalte des Grundgesetzes, es statuiert den sogenannten «Vorrang» der Verfassung. Alle anderen Normen der Rechtsordnung müssen mit dem Grundgesetz vereinbar sein, sind sie es nicht, so verlieren sie ihre Geltung. Das Grundgesetz schrieb den Vorrang der Verfassung zum ersten Mal in der deutschen Verfassungsgeschichte ausdrücklich fest. Damit allein wäre jedoch wenig getan. Schwieriger ist es, den Verfassungsvorrang auch institutionell wirksam werden zu lassen. Dazu erscheinen vor allem zwei Instrumente notwendig. Zum einen müssen Änderungen der Verfassung gegenüber Änderungen normaler Gesetze in einem erschwerten Verfahren vorgenommen werden. Dies ist im Falle des Grundgesetzes, wie wir gesehen haben, der Fall – auch wenn das Grundgesetz vergleichsweise häufig geändert wurde. Zum anderen bedarf es einer Institution, die die Einhaltung des Grundgesetzes kontrolliert – und die dabei vom politischen Prozess, der überprüft werden soll, unabhängig ist, also eines Verfassungsgerichts. Verfassungsgerichte sind keine notwendigen Elemente eines demokratischen Rechtsstaats. Gerade alte Demokratien kennen häufig gar keine oder keine starke Verfassungsgerichtsbarkeit. Will man den Verfassungsvorrang aber institutionell durchsetzen, wird man eine Verfassungsgerichtsbarkeit einrichten müssen.

Für die deutsche Rechtsordnung hat die Entscheidung, den Vorrang der Verfassung durch das Bundesverfassungsgericht zu sichern, sehr weitgehende Konsequenzen gehabt. Insbesondere die Einführung der Verfassungsbeschwerde, durch die sich «Jedermann» in letzter Instanz an das Bundesverfassungsgericht wenden kann, hat dafür gesorgt, dass heute alle Teile unseres Rechts, vom Mietrecht zum Krankenversicherungsrecht, von der Regelung der Ladenöffnungszeiten zur Studienplatzvergabe, verfassungsrechtlich beeinflusst sind. Dies ist nicht immer nur als eine positive Entwicklung zu sehen. Denn Entscheidungen des Bundesverfassungsgerichts sind nicht in derselben Weise zu korrigieren wie Entscheidungen des Gesetzgebers. Versteinerungen, mit denen niemand zufrieden sein kann, bleiben nicht aus. Trotzdem gehört es zu den Besonderheiten des Grundgesetzes, die auch von anderen Rechtsordnungen rezipiert wurden, dass die gesamte Rechtsordnung unter dem Einfluss des Verfassungsrechts steht.

2. Das Bundesverfassungsgericht in der Entwicklung des Grundgesetzes

Mit der Einrichtung des Bundesverfassungsgerichts hat das Grundgesetz also auf eine sehr weitgehende Sicherung des Vorrangs der Verfassung gesetzt. Das Bundesverfassungsgericht ist ein «echtes» Verfassungsgericht. Das heißt, dass die Aufgabe der Verfassungsauslegung im deutschen Gerichtssystem von derjenigen der Gesetzesauslegung getrennt wird. Für die Gesetzesauslegung sind in letzter Instanz die obersten Gerichte des Bundes, wie der Bundesgerichtshof oder das Bundesverwaltungsgericht, zuständig. Das Bundesverfassungsgericht ist als einziges Gericht dazu befugt, demokratische Gesetze wegen eines Verstoßes gegen das Grundgesetz zu verwerfen. Andere Gerichte, die Zweifel an der Verfassungsmäßigkeit eines Gesetzes haben, müssen diese Frage dem Bundesverfassungsgericht vorlegen. Darüber hinaus kann das Gericht von den Verfassungsorganen des Bundes und von den Ländern angerufen werden, um Streitfragen zu entscheiden. Es kann auf Antrag dieser Beteiligten auch Gesetze überprüfen. Schließlich können auch Bürger das Gericht anrufen, wenn sie meinen, vom Staat in ihren Grundrechten verletzt worden zu sein. Diese Kombination aus Befugnissen ist im Rechtsvergleich sehr selten. Insbesondere bleibt der direkte Zugang aller Bürger zum Gericht die Ausnahme. Durch diesen nimmt das Bundesverfassungsgericht größten Einfluss auch auf die Gesetzesauslegung der Fachgerichte.

Denkt man an das Grundgesetz nicht mehr als Text, sondern als politische Institution, so denkt man also zunächst an das Bundesverfassungsgericht, und die Fülle der Wege nach Karlsruhe begründet auch die Fülle an Macht, die dieses Gericht ausübt. In der Institution des Bundesverfassungsgerichts kommt ein für das Grundgesetz typisches Misstrauen gegenüber Politik und ein ausgeprägtes Vertrauen in Recht und Gerichte zum Ausdruck. Wie die Garantie der Menschenwürde stellt die Einrichtung des Bundesverfassungsgerichts eine typische posttotalitäre Entscheidung dar. Wo Politik einmal versagt hatte, soll Recht Hilfe bringen.

Das Bundesverfassungsgericht nutzte die Möglichkeiten, die ihm das Grundgesetz und der Gesetzgeber boten, wie wir sehen werden, schnell und durchaus ausgiebig. Dies führte im allgemeinen Bewusstsein, aber auch bei einer zunehmend verfassungsgerichtsfixierten Staatsrechtswissenschaft dazu, die Rechtsprechung des Gerichts weitgehend mit dem Grundgesetz zu identifizieren. Daran ist richtig, dass man nicht vom «Grundgesetz» sprechen kann, ohne die Rechtsprechung des Gerichts zu kennen. Zugleich bedarf die Fixierung auf das Gericht aber mehrfacher Relativierung:

Zum Ersten ist daran zu erinnern, dass eine starke Verfassungsgerichtsbarkeit und ein stark juristisches Verständnis einer Verfassung keine Selbstverständlichkeit darstellen. In vielen anderen Verfassungstraditionen gibt es entweder gar keine oder keine so starke Verfassungsgerichtsbarkeit; nicht selten wird auch der politische Charakter der Verfassung als ein Dokument für jedermann in den Vordergrund gestellt. Der amerikanische Präsident Franklin Delano Roosevelt bezeichnete die amerikanische Verfassung – wohl nicht zufällig während eines Konfliktes mit dem Supreme Court – als «a layman's document, not a lawyer's document». Der deutsche Verfassungsrechtler Peter Häberle sprach in einem Anklang an Karl Popper von der «offenen Gesellschaft der Verfassungsinterpreten» – ein Wort, das im deutschen Staatsrecht auf starken Widerspruch stieß. Protestantisch gewendet könnte man diese Sicht auch als «allgemeines Verfassungsrichteramt der Bürger bezeichnen». Inwieweit solche Formulierungen treffend sind, bleibt eine umstrittene Frage. Ihr richtiger Kern dürfte darin bestehen, dass Verfassungen, also auch das Grundgesetz niemals völlig in juristischer Legalität aufgehen.

Dies zeigt sich, *zum Zweiten*, bei einem genaueren Blick auf die Praxis des Bundesverfassungsgerichts; denn wie alle Verfassungsgerichte ist auch dieses kein normales Gericht, sondern eine Institution, die die politischen Kontexte, in denen sie steht, nicht einfach ignorieren kann. Zunächst sind Verfassungsrichter politisch ernannt. Sie müssen zwar wegen des Erfordernisses einer Zwei-Drittel-Zustimmung im Wahlorgan, Bundestag oder Bundesrat, überparteiliche Anerkennung finden, entwickeln aber nicht selten eine Handschrift, die politische Präferenzen nicht verleugnen kann. Wenn es gut geht, kann man sich am Ende einer Amtszeit eines Richters nicht mehr daran erinnern, von welcher Partei er oder sie nominiert wurde – aber es geht nicht immer gut, und nicht selten erscheinen die Auseinandersetzungen im Senat, die durch die Veröffentlichungen von Sondervoten unterlegener Richter bekannt werden, als Fortsetzung politischer Auseinandersetzungen in der Form der Verfassungsgerichtsbarkeit.

Aber selbst wenn es dem Gericht gelingt, die eigene verfassungsrechtliche Argumentation gegenüber politischen Auseinandersetzungen abzugrenzen und zu verselbstständigen, bleibt seine Arbeit *zum Dritten* doch in vielfacher Hinsicht auf außerrechtliche Umstände und auf die anderen Verfassungsorgane verwiesen. Verfassungsrechtliche Fragen kommen erst zum Gericht, wenn sie als gesellschaftliche Konflikte aufbereitet wurden. Der Bundestag, der ein Gesetz beschließt, betätigt sich damit zugleich als «Erstinterpret der Verfassung» (Paul Kirchhof) und es ist klar, dass sein Verfassungsverständnis für das Gericht nicht ohne Belang sein kann. Die die Gesetze anwendenden Fachgerichte bilden sich eine Meinung zur Bedeutung des

Grundgesetzes für die von ihnen zu entscheidenden Fälle und legen diese dem Bundesverfassungsgericht vor, wenn sie ein Gesetz für verfassungswidrig halten. Soziale Bewegungen nehmen das Grundgesetz als Anknüpfungspunkte für ihren Kampf für Umwelt- oder Datenschutz oder gegen echte oder vermeintliche Angriffskriege; und solche Versuche, aus einem politischen Anliegen ein verfassungsrechtliches Argument zu machen, haben im Bundesverfassungsgericht nicht selten zum Erfolg geführt. In eine Ordnung, die Freiheit schützt und ermöglicht, ist eine solche Dynamik von vornherein eingebaut. Wenn das Grundgesetz etwa die Freiheit der Kunst garantiert, dann öffnet es sich mit dieser Formulierung auch der ästhetischen Entwicklung. So ist es nicht die Aufgabe des Bundesverfassungsgerichts, einen Begriff der Kunst zu entwickeln, der ein für alle Mal gilt, sondern vielmehr abzuwarten, welche neuen Ausdrucksformen zu Rechtsproblemen führen, um den Begriff eben im Anschluss an solche gesellschaftlichen Entwicklungen neu zu bestimmen. Das bedeutet natürlich nicht, dass sich das Gericht solchen Entwicklungen anpassen müsste, es kann sich ihnen auch verweigern. Aber es bedeutet sehr wohl, dass die Frage, wie das Gericht zu seinem Verständnis des Grundgesetzes gelangt, nicht durch einen isolierten Blick auf seine Rechtsprechung verstanden werden kann. Für einen Verfassungsrechtler besteht die schwierige Aufgabe darin, aus diesen verschlungenen Zusammenhängen die rein verfassungsrechtliche Seite herauszuarbeiten. Für einen Beobachter von außen – und dies ist die Position, die Leser und Autor hier ganz bequem einnehmen dürfen – bleibt festzuhalten, dass das Bundesverfassungsgericht ein sehr bedeutender, aber bei weitem nicht der einzige Akteur ist, den wir betrachten müssen, um die Entwicklung des Grundgesetzes beschreiben und verstehen zu können.

3. Grundgesetz und Politik

Das Grundgesetz schafft einen politischen Prozess, den es zugleich begrenzt. Es funktioniert wie jede demokratische Verfassung zugleich herrschaftsbegründend und herrschaftsbegrenzend. Hieraus folgt das Problem, demokratischer Politik Grenzen zu ziehen, ohne die eigenständige demokratische Willensbildung vollständig in gerichtlich auslegbaren Normen aufgehen zu lassen. Beispiele für die Lösung dieses Problems finden sich im Grundgesetz: So gibt das Grundgesetz dem Bundeskanzler eine politische «Richtlinienkompetenz». Zugleich entscheidet die Regierungschefin nicht allein, sondern innerhalb der Bundesregierung, in welcher wiederum jedem Minister eine eigenständige Verantwortung für sein Ressort zugewiesen ist. Die Machtverteilung innerhalb des Kabinetts kann das Grundgesetz nicht anordnen. Diese ergibt sich aus den Mehrheitsverhältnissen im Parlament, die bestimmen, wie viel Einfluss verschiedene Parteien auf die Regierung haben. Der hier zu erkennende politische Prozess entzieht sich aus guten Gründen jeder Regelung. Er bringt die Stimmverteilung der Bundestagswahlen zum Ausdruck. Eine ähnliche Struktur lässt sich für Entscheidungen innerhalb des Deutschen Bundestages erkennen. Gleichheit und Allgemeinheit der Wahl sind verfassungsrechtlich geregelt. Ohne diese Grundsätze wäre die Bundestagswahl nicht demokratisch, darum darf sie der Gesetzgeber auch nicht abschaffen. Aber der Gesetzgeber kann zwischen verschiedenen Wahlsystemen auswählen und damit auch die Struktur des Parteiensystems stark beeinflussen. Staaten mit einem Mehrheitswahlrecht haben in der Regel ein Zweiparteiensystem, unser Wahlrecht erzeugt ein System mit kleineren Parteien, die in der Regel nicht allein regierungsfähig sind.

Auch die Art und Weise, wie der Bundestag Entscheidungen trifft, wird größtenteils von ihm selbst in einer Geschäftsordnung geregelt. Dies ist eine Angelegenheit des politischen Prozesses, nicht des Verfassungsrechts, das sich darauf beschränken muss, Minderheitenrechte zu schützen. Auch das Bundesverfassungsgericht kann die Verfahren innerhalb des Deutschen Bundestages nicht einfach verrechtlichen, ohne den demokratischen Charakter dieser Prozeduren zu gefährden. Es kann dem demokratischen Prozess allenfalls bestimmte Zusatzpflichten auferlegen, beispielsweise den Deutschen Bundestag verpflichten, eine gesetzliche Entscheidung nach Ablauf einer bestimmten Frist noch einmal auf ihre faktischen Voraussetzungen hin zu überprüfen.

Man erkennt hier: Demokratische Politik entsteht durch bestimmte verfassungsrechtliche Regeln, aber dort, wo sie sich abspielt, müssen sich diese Regeln auch zurückziehen, um eine offene Willensbildung zu ermöglichen. Sehr umstritten ist, ob diese Überlegung auch für das Verfahren der inszenierten gescheiterten Vertrauensfrage gilt, mit der die Bundeskanzler Kohl und Schröder Neuwahlen ermöglicht haben (S. 80 f.). Ist der Begriff «Vertrauen» im Grundgesetz durch das Bundesverfassungsgericht anders zu interpretieren als durch drei beteiligte Verfassungsorgane, Bundeskanzler, Bundestag und Bundespräsident? Oder gebietet dieses Verfahren dem Gericht eine weise Zurückhaltung gegenüber einem genuin politischen Verfahren? Hierüber streiten Wissenschaft und Gericht bis heute.

4. Politische Epochen im Spiegel des Grundgesetzes

Das Funktionieren des Grundgesetzes als Norm lässt sich nur durch einen Blick auf die politische Geschichte der Bundesrepublik verstehen, die im Folgenden von den Anfängen bis zur Gegenwart skizziert werden soll.

Konsolidierungen jenseits des Bundesverfassungsgerichts

Manche Teile einer Verfassung verstehen sich mehr oder weniger von selbst, andere bleiben permanent umstritten. Mit Inkrafttreten des Grundgesetzes im Jahr 1949 mussten sich die Beteiligten in ihre neuen Rollen finden und auf Basis des Verfassungstextes Konventionen und Usancen des Umgangs miteinander entwickeln. Dass – wie soeben dargestellt – nicht allein das Bundesverfassungsgericht definierte, wie das Grundgesetz zu verstehen sei, zeigt sich nicht zuletzt am anfänglichen Umgang der Verfassungsorgane miteinander, für die das Grundgesetz galt, ohne dass seine Interpretation eindeutig war. Dies lässt sich an einem wichtigen Beispiel illustrieren: der Rolle und Bedeutung des Bundespräsidenten in der Ära von Bundeskanzler Adenauer und Bundespräsident Heuss. Der Parlamentarische Rat war sich über das Amt des Bundespräsidenten unsicher. An den mächtigen Reichspräsidenten der Weimarer Republik sollte das Amt nicht erinnern und doch eine einheitsstiftende Rolle für den Gesamtstaat einnehmen, die durchaus als «Erbe der Monarchie» verstanden werden kann (Ellwein). Der Text des Grundgesetzes gab dem Bundespräsidenten eine entsprechend ambivalente Kompetenz. Zum Abschluss jedes wichtigen Aktes des Bundes hat der Bundespräsident eine Entscheidung zu treffen: bei der Ernennung von Beamten, der Ausfertigung von Gesetzen und der Akkreditierung ausländischer Gesandter. Doch bedürfen alle diese Handlungen zu ihrer Wirksamkeit der Gegenzeichnung des zuständigen Ministers. So ist sichergestellt, dass jemand für das Handeln des Bundespräsidenten die parlamentarische Verantwortlichkeit übernehmen kann. Allerdings hat er im Bereich der Außenpolitik jedenfalls im Text des Grundgesetzes eine herausragende Rolle: Er, niemand anders, vertritt die Bundesrepublik Deutschland laut Art. 59 Abs. 1 S. 1 GG nach außen. Auch im Angesicht des Gegenzeichnungsrechts könnte diese Norm einen guten Grund für einen eigenständigen außenpolitischen Gestaltungswillen des Bundespräsidenten liefern.

Dass sich dieser nicht entwickelte und die Außenpolitik der Bundesrepublik heute in der Sache durch die Bundesregierung und nur atmosphärisch durch den Bundespräsidenten gestaltet wird, hat wenig mit dem Text des Grundgesetzes, gar nichts mit dem Bundesverfassungsgericht und sehr viel mit dem persönlichen Umgang zwischen Heuss und Adenauer zu tun. «Der Bundespräsident ist so stark, wie der Bundeskanzler schwach ist.» Diese dem starken Bundeskanzler Adenauer zugeschriebene Feststellung beschrieb eine schulbildende Praxis im Umgang der Ämter miteinander, die heute gewohnheitsrechtlich anerkannt ist. Der Bundespräsident wurde zu einem Amt, das seine Rolle jenseits wirklicher politischer Gestaltung zu suchen hatte und in gewisser Weise immer noch sucht. Heuss mag es auch in positiver Hinsicht wegweisend verstanden haben, indem er als Politiker ohne Macht, als ein intellektuelles Staatsoberhaupt die frühe Bundesrepublik durch seine Reden jenseits ihres wirtschaftlichen Erfolgs zu orientieren suchte. Zu einem solchen Amtsverständnis kann das Verfassungsrecht freilich gar nichts beitragen. Es scheint viel schwieriger auszufüllen zu sein als ein Amt mit definierten Entscheidungskompetenzen.

Handelt es sich hier um ein Beispiel für eine Verfassungsentwicklung, die ohne Beteiligung von Bundesverfassungsgericht und Bundestag vonstatten ging, so zeigt sich in anderen Bereichen, dass die frühe Entwicklung des Verfassungsrechts von der Intervention des Gesetzgebers abhängt. So ordnet das Grundgesetz die rechtliche Gleichstellung von Mann und Frau an. Aber in die unüberschaubare Masse nach dem Krieg geltender Rechtsbestimmungen, die Frauen gegenüber benachteiligend wirkten, kam nur langsam Bewegung. Immerhin – der Verfassungsrechtssatz fungierte als ein wesentliches Argument im politischen Prozess, obwohl sich bedeutende Teile der Staats- und Familienrechtswissenschaft wie auch der Gerichtsbarkeit große Mühe gaben, die Gleichstellung der Frau zu verlangsamen oder gar zu verhindern. Gesellschaftlicher Wandel wurde hier durch den Text des Grundgesetzes initiiert, durch das Bundesverfassungsgericht beschleunigt, aber erst durch den Gesetzgeber wirksam verwirklicht.

Das frühe Bundesverfassungsgericht

Trotz dieser Relativierungen nahm das Bundesverfassungsgericht sehr schnell eine zentrale Rolle für das Verständnis des Grundgesetzes ein. Dies geschah, obwohl wir uns das Gericht in seinen Anfängen als einen echten Fremdkörper im Gerichtssystem ebenso wie in der Politik vorstellen müssen. Es hatte sich nach beiden Seiten hin zu bewähren, um sein Verständnis des Grundgesetzes gegenüber anderen Deutungen durchsetzen zu können. Innerhalb des Gerichtssystems war das Bundesverfassungsgericht namentlich mit dem Bundesgerichtshof (BGH), dem höchsten Gericht in Zivil- und Strafsachen, konfrontiert. Der BGH stellte sich selbst in die Nachfolge des Reichsgerichts, das im Zuge der Gründung des Deutschen Reiches im Jahre 1879 errichtet worden war und seine Rechtsprechung in der

Weimarer Republik und im Nationalsozialismus fortsetzte. Im Jahre 1954 beging dieses Gericht entsprechend «seine», also des Reichsgerichts, 75-Jahr-Feier. Der BGH repräsentierte eine personale Kontinuität zum Nationalsozialismus. Er stand als Institution für das alte juristische Establishment mit seinem überwiegend sozial konservativen Weltbild und hatte die methodische Gewissheit, bei der Entscheidung von Fällen auf das neue Verfassungsrecht verzichten zu können. Man lese noch einmal in seinen Entscheidungen in Straf- oder Familiensachen, um einen Geschmack vom herrschenden reaktionären juristischen Geist der fünfziger Jahre zu bekommen.

Das Bundesverfassungsgericht dagegen war ein neues Gericht mit politisch ernannten Richtern, nicht wenige von ihnen Verfolgte des Nationalsozialismus. Es war ein institutioneller Parvenü und so wurde es vom BGH in seinen Anfängen auch behandelt. In langen Voten legten die Richter des BGH dem Verfassungsgericht ihre Rechtsansichten vor und waren verwundert bis empört, wenn das Bundesverfassungsgericht ihnen nicht folgte. Nicht selten ging es bei diesen Fällen um den Umgang mit der nationalsozialistischen Vergangenheit. Bei der Frage, ob die vor 1945 geltenden Beamtenverhältnisse weiter gelten würden oder ob es dem Gesetzgeber freistünde, sie umzugestalten, kam es zu einem offenen Konflikt. Die Argumentation verließ auf beiden Seiten deutlich den juristischen Boden: Der BGH malte das Bild eines unpolitischen «rechtsstaatlichen» Beamtentums auch im Nationalsozialismus, während das Bundesverfassungsgericht deutliche Worte für die Verstrickung von Totalitarismus und Staatsverwaltung fand – in einem Urteil, dem der BGH wiederum offen den Gehorsam verweigerte.

Im Ergebnis setzte das Verfassungsgericht seinen Anspruch, das Grundgesetz zu interpretieren, durch, aber Auseinandersetzungen zwischen den beiden Gerichten können wir bis heute beobachten. Jenseits der historischen Hintergründe, die übrigens in anderen posttotalitären Verfassungsordnungen zu ganz ähnlichen Auseinandersetzungen führen, so im Spanien der Gegenwart, gibt es für solche Konflikte auch einen rechtssystematischen Grund: Die Frage, inwieweit das Grundgesetz in die gesamte Rechtsordnung, also auch in das Zivil- und Strafrecht hineinwirken soll, ist systematisch schwer zu beantworten. Verfassungsgericht und Zivilgerichte werden so zu institutionellen Anwälten «ihres» Rechts.

Durchzusetzen hatte sich das Bundesverfassungsgericht nicht nur gegenüber der Gerichtsbarkeit, sondern auch gegenüber der Politik. Frühe Entscheidungen des Bundesverfassungsgerichts führten bei manchen Mitgliedern der Bundesregierung zu scharfem Widerspruch. Insbesondere Bundesjustizminister Thomas Dehler schreckte vor polemischer Kritik nicht zurück und stellte die Bindungswirkung der verfassungsgerichtlichen Urteile in Frage – im Ergebnis ohne Folgen. Umgekehrt ernannte sich das Gericht, das in der Systematik des Grundgesetzes wie alle anderen Gerichte einfach in dem Abschnitt über die rechtsprechende Gewalt einsortiert wurde, in einer berühmten Denkschrift im Jahre 1952 selbst zum «Verfassungsorgan». Dies war ein erstaunlicher Schritt, mit dem sich das Gericht auf dasselbe protokollarische Niveau wie die anderen Verfassungsorgane hob, der letztlich durch den Gesetzgeber im Bundesverfassungsgerichtsgesetz Anerkennung fand.

Von Beginn an musste das Gericht – wie jedes Verfassungsgericht – Urteile fällen, die von außen als politische Entscheidungen wahrgenommen werden konnten. Bei der zu Beginn der 1950er Jahre diskutierten Frage der Wiederbewaffnung hatte das Gericht das Glück, dass eine Klage der SPD gegen diese zurückgezogen wurde. So konnte es eine eigene Stellungnahme zu diesem juristisch und politisch hoch umstrittenen Problem vermeiden. Ein von Adenauer angestrengtes Verfahren zum Verbot der KPD versuchten die Richter auf informellem Wege zu verhindern – ohne Erfolg. Im Ergebnis sah sich das Gericht 1956 gezwungen, eine Partei zu verbieten, die zweifelsohne nicht hinter der Ordnung des Grundgesetzes stand, deren Mitgliedschaft aber immer noch zu einem großen Teil aus Widerstandskämpfern bestand.

Für die Zukunft bedeutendere Konflikte drehten sich noch in den späten Ausläufern der Adenauer-Zeit nicht selten um die institutionelle Selbstherrlichkeit der Mitglieder der Bundesregierung: Wenn Bundeskanzler Adenauer 1960 allein mit Hilfe der CDU-regierten Bundesländer den Versuch unternahm, einen neuen zentralen Fernsehsender aufzubauen – oder wenn Bundesverteidigungsminister Strauß 1962 mit Hilfe ziviler Behörden die Redaktion des SPIEGEL ausräumen ließ. In beiden Fällen zog das Bundesverfassungsgericht dem Handeln der Politik deutliche Grenzen. Die Vorstellung, dass zumindest die Bundesregierung in einem rechtsfreien Raum handele, sah langsam ihrem Ende entgegen. Auch die berühmte Formulierung von Bundesinnenminister Höcherl, Mitarbeiter des Bundesamtes für Verfassungsschutz könnten das Grundgesetz «nicht immer unter dem Arm tragen», war eine erstaunlich wohlwollende Beschreibung des zu langsamen Vordringens rechtsstaatlicher Maßstäbe in die Nachrichtendienste des Bundes. Dieser Prozess ist noch nicht abgeschlossen, wird aber heute, wie sich in zahlreichen Skandalen um den BND zeigt, von der Bundesregierung nicht mehr so nonchalant gerechtfertigt.

Anfänge einer permanenten Grundrechtsrevolution

In letzter Instanz können sich Bürger an das Bundesverfassungsgericht wenden, wenn sie meinen, sie seien vom Staat in ihren Grundrechten verletzt worden. Mit dieser Kompetenz begann das Bundesverfassungsgericht in den fünfziger Jahren die Reichweite der Grundrechte auszuloten. Auch hier hatten viele wichtige Entscheidungen einen politischen Unterton: Ein sozialdemokratischer Hamburger Senatsrat, Erich Lüth, rief im Jahre 1950 zum Boykott eines neuen Kitschfilmes des Regisseurs Veit Harlan auf. Harlan hatte im Nationalsozialismus Propagandafilme, unter anderem den antisemitischen Film «Jud Süß» gedreht. Harlans Verleihfirma verklagte Lüth wegen der durch den Boykott verursachten finanziellen Einbußen auf Schadensersatz und bekam vor den Zivilgerichten in allen Instanzen Recht. Das Bundesverfassungsgericht hob die Entscheidungen 1958 auf und stellte fest, dass die Grundrechte des Grundgesetzes eine «objektive Werteordnung» errichteten, die auch in zivilrechtlichen Schadensersatzfällen zu beachten sei. Lüth durfte ohne die Drohung von Schadensersatzforderungen zum Boykott des Filmes aufrufen. Die Grundrechte waren nicht allein Sache des Bundesverfassungsgerichts, sondern von nun an auch von allen anderen Gerichten anzuwenden.

In einem weiteren berühmten Fall klagte der ehemalige CDU-Oberbürgermeister und Oberstadtdirektor von Mönchengladbach, Wilhelm Elfes, der 1953 bei einem Besuch im Ausland gegen die Wiederbewaffnung protestieren wollte. Die Behörden hatten ihm die Ausgabe eines Reisepasses verweigert und damit seine Ausreise verhindert, weil sie die außenpolitischen Interessen der Bundesrepublik gefährdet sahen. Elfes verlor seinen Fall auch vor dem Bundesverfassungsgericht, aber bei dieser Gelegenheit hielt das Gericht fest, dass im Prinzip jede Beschränkung der Freiheit grundrechtlichen Schutz genießen könne. Es erfand die sogenannte Allgemeine Handlungsfreiheit, die auch trivialste Handlungen, deren Schutz nicht im Grundrechtskatalog des Grundgesetzes festgeschrieben war, erfasste. «Elfes» und «Lüth»: Mit diesen beiden berühmten Entscheidungen – und sehr vielen anderen – erweiterte das Gericht die Reichweite der Grundrechte auf potenziell jeden Handlungszusammenhang. Mit der Unterstellung einer überall wirksamen grundrechtlichen Werteordnung machte es aus den eigentlich als Individualrechte entworfenen Grundrechten zudem objektiv wirkende Normen, die auch dort auf die Rechtsordnung einwirken können, wo sich gar kein Individuum auf sie beruft – und die in letzter Instanz auch zur Einschränkung individueller Freiheit genutzt werden können.

Mit der Ausweitung der Grundrechte entdeckte das Gericht die Abwägung von Verfassungsgütern als zentralen methodischen Zugang. Seit Beginn seiner Rechtsprechung prüft das Bundesverfassungsgericht im Rahmen der Anwendung der Grundrechte, ob ein Eingriff in diese ein *legitimes Ziel* verfolgt, ob die Maßnahme *geeignet* ist, dieses Ziel zu erreichen, ob es ein *milderes Mittel* gibt, das Ziel zu erreichen, und schließlich, wenn dies alles der Fall ist, ob der Freiheitsverlust *in einem angemessenen Verhältnis* zur Erreichung dieses Ziels steht. Diese Prüfung entstammt in ihrer Grundstruktur einer alten Rechtsprechung des Preußischen Oberverwaltungsgerichts. Im Text des Grundgesetzes findet sie keinen Anhaltspunkt. Nehmen wir eine Entscheidung aus dem Jahr 1963, um diese Prüfung besser verstehen zu können: Ein Mann bekommt wegen einer Ordnungswidrigkeit im Handelsverkehr ein geringes Bußgeld. Er kann aber nur bestraft werden, wenn er schuldfähig ist. Daran bestehen bei dem intellektuell eingeschränkt wirkenden Mann Zweifel. Die einzig mögliche Untersuchung seiner Schuldfähigkeit besteht zu dieser Zeit in einer Liquorentnahme aus dem Rückenmark, einem sehr schweren Eingriff in seine körperliche Integrität. Im Prüfungsschema der Verhältnismäßigkeit ist es ein *legitimes Ziel*, die Schuldfähigkeit eines Täters festzustellen. Der Eingriff ist auch dazu *geeignet*, dieses Ziel zu erreichen. Ein *milderes Mittel* steht auch nicht zur Verfügung. Trotzdem erscheint die Maßnahme absurd. Zur Durchsetzung eines kleinen Bußgeldes soll massiv in die körperliche Integrität des Mannes eingegriffen werden. Wägt man im konkreten Fall zwischen dem ab, was der Staat mit der Maßnahme erreicht, und dem, was der Bürger dafür einbüßen muss, so erscheint dieser Eingriff nicht *angemessen*.

Der Fall zeigt Stärken und Schwächen dieser heute praktisch überragend wichtigen Prüfung. Das Ergebnis erscheint richtig, die Prüfung bestätigt eine moralische Intuition. Aber in vielen Fällen ist die Intuition nicht so eindeutig wie in unserem. Dann erscheint die Abwägung mehr wie eine Entscheidung aus dem Bauch denn wie eine juristische Rationalisierungsleistung. Manche Kritiker befürchteten daher bereits in den fünfziger Jahren durch die Grundrechtsrechtsprechung einen Verlust an juristischer Argumentationsrationalität und eine zu starke Moralisierung des Rechts – und man wird heute nicht einfach behaupten können, dass diese Befürchtungen völlig unbegründet waren. Manche Entscheidungen lesen sich eher wie Rechts*be*kenntnisse als wie Rechtserkenntnisse. Trotzdem erscheint die Rechtsprechung zu den Grundrechten gerade zu Beginn der Bundesrepublik als großer Erfolg, als wichtiger institutioneller Beitrag zum Abbau autoritärer Strukturen in einer mit dem demokratischen Rechtsstaat nicht vertrauten Gesellschaft: Vom

Umgang mit Strafgefangenen über die Gleichstellung der Frauen bis zum Schutz eines öffentlichen Rundfunks vor staatlichem Einfluss dienten die Grundrechte auch politischen Zielen. Zugleich wurde die deutsche Version der Verhältnismäßigkeitsprüfung zu einem der großen internationalen Erfolge, die heute auch in vielen anderen Rechtsordnungen so oder ähnlich verwendet wird.

Die Grundrechtsrevolution der fünfziger Jahre ist noch nicht beendet. Durch die Entwicklung der Allgemeinen Handlungsfreiheit ist potenziell jeder Freiheitsgebrauch durch die Grundrechte geschützt. Eine ähnliche Funktion nimmt das Allgemeine Persönlichkeitsrecht ein. Es schützt die persönliche Sphäre der Individuen vor dem Zugriff der Öffentlichkeit oder staatlicher Ausforschung. Auch dieses Grundrecht ist so offen formuliert, dass es vor Beschränkungen schützt, an die noch niemand gedacht hat. Damit ist die Grundrechtsentwicklung auch ohne Zugriff des Gesetzgebers auf Dauer gestellt. Fraglich bleibt freilich, ob eine Gesellschaft mit einem funktionierenden demokratischen Bewusstsein eine so ausgreifende Rechtsprechung noch in gleicher Weise braucht, wie dies in der frühen Bundesrepublik der Fall war – oder ob sie mehr den eigenen demokratischen Entscheidungen vertrauen kann.

Die Notstandsverfassung – und ihre Kompensationen

Die Einführung einer Notstandsverfassung, also spezieller Regeln für Katastrophen- oder Kriegszustände, in das Grundgesetz stand bereits seit den späten fünfziger Jahren in der verfassungspolitischen Diskussion. Man wird in dieser Reform im Nachhinein kaum das autoritäre politische Projekt erkennen können, als das es von der Studentenbewegung hingestellt wurde und in allgemeiner Erinnerung geblieben ist. Vielmehr erscheint diese Ergänzung des Grundgesetzes als Ausdruck eines gewissen legalistischen Perfektionismus, der auch Zustände zu regeln sucht, die sich schwerlich regeln lassen. So verstanden erscheint die Notstandsverfassung, der ausgerechnet im Jahre

1968 eingefügte Abschnitt Xa. des Grundgesetzes, vorbehaltlich ihrer praktischen Bewährung, die uns hoffentlich erspart bleiben wird, als eine durchaus gelungene und nachvollziehbare Regelung. Politisch geriet sie in einen politischen Proteststurm und damit auch in ein Kompensationsgeschäft zwischen den politischen Lagern. Denn die Zustimmung der SPD für diese Reform gab es nur im Gegenzug zu anderen symbolischen Änderungen der Verfassung: die Einführung der bürgerfreundlichen Verfassungsbeschwerde, die bisher nur im einfachen Gesetz gestanden hatte, in das Grundgesetz und die Kodifikation eines «Widerstandsrechts», dessen rechtliche Bedeutung bis heute völlig ungeklärt ist. Kaufte sich der Deutsche vor dem Protest auf dem Bahnhof eine Bahnsteigkarte, wie Lenin einst bemerkte, so hatte er nunmehr auch ein – sogar durch eine Verfassungsbeschwerde überprüfbares (!) – Recht zur politischen Revolte im begründeten Einzelfall.

Die Ambivalenz verfassungsrechtlicher Begriffe zeigt die zeitgenössische Diskussion um den Begriff der Gewalt: Es war eines der Anliegen der kritischen Theorie der späten sechziger Jahre, den Begriff der Gewalt nicht auf physischen Zwang zu begrenzen, sondern auch gesellschaftliche Zwänge als Form von Gewalt, sogenannter «struktureller Gewalt», zu verstehen. Ein so erweiterter Gewaltbegriff konnte nun aber auch von einer konservativ gestimmten Rechtsprechung aufgegriffen werden, die über die Reichweite der Versammlungsfreiheit zu entscheiden hatte. So bezeichnete der Bundesgerichtshof im Jahre 1969 eine Blockade von Straßenbahngleisen gegen eine Fahrpreiserhöhung in Köln als gewaltsamen «Terror» und beschränkte damit das Grundrecht der Beteiligten auf Versammlungsfreiheit. Bis heute ist die Frage, an welchem Punkt eine Versammlung gewaltsam wird, zwischen BGH und Bundesverfassungsgericht umstritten. Man erkennt an diesem Beispiel ganz wunderbar, wie verfassungsrechtliche Begriffe eine politische Bedeutung annehmen können, die in der juristischen Anwendung auch politisch doppeldeutig wirkt.

Mehr Demokratie wagen – oder mehr Verfassungsgerichtsbarkeit?

Mit der sozialliberalen Koalition des Jahres 1969 trat der Konflikt zwischen politischer und gerichtlicher Verfassungsinterpretation in eine neue Phase. Die sozialliberale Mehrheit begann damit, ihr politisches Programm in Gesetzesform zu bringen. Dass der parlamentarische Gesetzgeber wichtige Entscheidungen selbst zu treffen hatte und diese nicht der Regierung überlassen durfte, war zur gleichen Zeit eines der wichtigen Anliegen der Rechtsprechung des Bundesverfassungsgerichts: Lehrpläne in Schulen oder die Behandlung von Strafgefangenen konnten nicht durch verwaltungsinterne Erlasse geregelt werden. Sie waren für die Ausübung von Grundrechten von Bedeutung und bedurften daher der Legitimation durch ein Parlamentsgesetz. Insoweit liefen politisches und verfassungsgerichtliches Verständnis des Grundgesetzes in dieselbe Richtung.

Viele der Gesetze, die die sozialliberale Mehrheit beschloss, wurden jedoch vom Bundesverfassungsgericht in den 1970er Jahren aufgehoben: Die Einführung der Fristenlösung beim Schwangerschaftsabbruch verstieß, so das Gericht, gegen das Recht auf Leben, das es dem Gesetzgeber verbiete, die Tötung eines Embryos ohne weiteren Grund einfach für einen bestimmten Zeitraum zu legalisieren. Das Gericht entwickelte hier zum ersten Mal ein Verständnis der Grundrechte als Schutzpflichten, die der demokratischen Mehrheit auch positive Verpflichtungen auferlegen konnten – und führte damit die oben beschriebene (S. 73 ff.) Objektivierung der Grundrechte zu ihrer letzten Konsequenz. Die Möglichkeit, den Wehrdienst ohne weitere Prüfung durch eine Postkarte zu verweigern, wurde gleichfalls vom Gericht kassiert: Das Grundgesetz habe die Verweigerung als eine Ausnahme verstanden, die durch Gewissensgründe individuell zu rechtfertigen sei – eine erstaunliche Annahme, wenn man bedenkt, dass der Gesetzgeber hier allen Beteiligten ein Mehr an Freiheit einräumen wollte, woran er durch ein Grundrecht gehindert sein sollte. Die Einführung der Gruppenuniversität im Land Niedersachsen, die die Professorenschaft zu einer mit anderen Beschäftigten und den Studenten quasi gleichberechtigten Gruppe innerhalb der Universität machen sollte, verletzte laut Bundesverfassungsgericht die Wissenschaftsfreiheit. Kernstücke eines sozialdemokratischen Reformprogramms in Bund und Ländern waren damit am Bundesverfassungsgericht zerschellt. Die sozialdemokratische Ostpolitik wurde vom Gericht nur zähneknirschend akzeptiert. Die Politik wie auch die demokratische Öffentlichkeit reagierte nicht selten mit Verwunderung oder Empörung. Der sozialdemokratische Bundesjustizminister Hans-Jochen Vogel schrieb in einer Fachzeitschrift des Jahres 1978 einen warnenden Artikel mit der Überschrift «Videant Iudices», eine Anspielung auf den Senatus consultum ultimum, den Notstandsbeschluss des Römischen Senats, mit dem die Konsuln aufgefordert wurden, Unheil von der Republik abzuwenden.

Dieses bemerkenswerte Kapitel der jüngeren Verfassungsgeschichte wartet noch auf eine eingehendere Analyse. Anders als bei ähnlichen Konflikten in den Vereinigten Staaten erscheint es aber unwahrscheinlich, dass sich der Konflikt als Folge einer Politisierung des Gerichts beschreiben und eindeutig mit dem Programm bestimmter Richterpersönlichkeiten in Verbindung bringen lässt. Vielmehr fällt eine bemerkenswerte Doppeldeutigkeit der Rechtsentwicklung auf: Die Aktivierung der Grundrechte nicht nur als Grenzen staatlichen Handelns, sondern als Ansprüche auf soziale und politische Teilhabe und als objektiv wirkende Normen war durchaus Teil des politischen Programms, das wir heute mit der Epoche der späten sechziger und frühen siebziger Jahre in Verbindung bringen. Damit war eine weitere Entgrenzung eines klassischen Grundrechtsverständnisses verbunden, das Grundrechte nur als Verpflichtung staatlichen Handelns, nicht aber als Aufträge zur Gestaltung der Gesellschaft verstand. Die Grundrechte wurden nicht nur als Programmsätze zur Anleitung demokratischer Reformen gedeutet. Eine solche Ausreizung der Grundrechte wandte sich nunmehr aber mit einem Mal *gegen* das demokratische Reformprogramm der linksliberalen Mehrheit, es feuerte gewissermaßen zurück.

Im Nachhinein wird man sagen, dass das Bundesverfassungsgericht diese Konflikte erstaunlich unbeschadet überstanden hat und von seinem großen Selbstbewusstsein gegenüber dem Gesetzgeber, auch bei mitunter dürftiger Begründungsleistung, nichts verloren hat. Seiner manchmal ersatzkaiserhaft wirkenden Beliebtheit als unpolitischer Schiedsrichter des demokratischen Verfassungsstaates tat dies keinen Abbruch. Die in der Staatsrechtswissenschaft fällige Debatte um die Legitimation des Bundesverfassungsgerichts – in vielen vergleichbaren Rechtsordnungen ein zentrales Problem – blieb aus. Man beschäftigte sich weiter unverdrossen mit dem Ausbau der Grundrechtsdogmatik. Ob man diese Epoche als Bewährung verfassungsrechtlicher Unabhängigkeit oder als verpasste Chance, dem Gericht etwas mehr demokratische Sensibilität zu verschaffen, interpretieren will, bleibt schwer zu entscheiden.

Die achtziger Jahre

Dass das Gericht im Ganzen nicht einseitig politisiert war, zeigte sich nicht zuletzt darin, dass es auch nach dem Wechsel von der Regierung Schmidt zur Regierung Kohl im Jahre 1982 nicht damit aufhörte, der Regierungsmehrheit das Leben schwer zu machen. Freilich stellte schon der Beginn der Kohl-Ära eine schwere Herausforderung an das Verfassungsrecht. Um Neuwahlen zu ermöglichen, hatte Kohl im Bundestag die Vertrauensfrage gestellt, die Abgeordneten der neuen christlich-liberalen Koalition hatten sich der Stimme enthalten, so konnte ihm der Bundestag mit den Stimmen der SPD gewissermaßen künstlich das Misstrauen aussprechen. Bundespräsident Carstens, selbst Professor des öffentlichen Rechts, löste den Bundestag nicht ohne schwere Bedenken auf, um Neuwahlen zu ermöglichen. Doch einige Abgeordnete wehrten sich gegen diese Art der Verkürzung ihres Mandats, sie klagten und das Bundesverfassungsgericht hatte zu entscheiden. Es tat sich schwer mit der Entscheidung, ebenso wie im entsprechenden Fall 2005, als Gerhard Schröder denselben Kunstgriff einsetzte, um Neuwahlen zu ermöglichen. Das Gericht wie auch die Mehrheit der Wissenschaftler glauben, dass die Vertrauensfrage nur genutzt werden kann, wenn der Bundeskanzler tatsächlich nicht mehr das Vertrauen der Mehrheit des Bundestages genießt – und dieses Misstrauen nicht nur inszeniert hat. Bemerkenswerterweise hat es das Gericht trotzdem in keinem der beiden Fälle gewagt, die Entscheidung aufzuheben und die Neuwahlen abzusagen. Es erwies sich als schwierig, in einer juristisch überzeugenden Weise zwischen «echtem» und «unechtem» Misstrauen zu unterscheiden; denn ohne Not wird eine Regierung im Amt sich nicht zur Wahl stellen. Vielleicht sollte man die Frage, ob Vertrauen besteht, den immerhin drei Verfassungsorganen überlassen, die an dem Verfahren beteiligt werden müssen, um den Bundestag aufzulösen: dem Bundestag, dem Bundeskanzler und dem Bundespräsidenten. In jedem Fall zeigten beide Entscheidungen ein Muster, das nicht ganz untypisch für das Vorgehen des Bundesverfassungsgerichts, ja für Verfassungsgerichte im Allgemeinen sein dürfte. Verfassungsrechtliche Standards werden abstrakt definiert – doch im konkreten Fall wird, jedenfalls wenn es hart auf hart kommt, der Konflikt mit der Politik vermieden.

In vielen anderen Fällen erließ das Bundesverfassungsgericht in der Zeit zwischen dem Beginn der Regierung Kohl und der Wiedervereinigung für die Mehrheit unliebsame Entscheidungen. So verhinderte es die Volkszählung des Jahres 1983 und entwickelte in diesem Zusammenhang das neue Grundrecht auf informationelle Selbstbestimmung, das bis heute eine große Bedeutung für die Begrenzung staatlicher Informationserhebung hat. Viele andere Entscheidungen etwa zur Parteienfinanzierung, zum Recht parlamentarischer Untersuchungsausschüsse oder zur Meinungsfreiheit bei politischen Karikaturen dokumentierten die politische Unabhängigkeit des Gerichts.

Wiedervereinigung: noch einmal die Legitimation des Grundgesetzes

Die Wiedervereinigung spielte zu Beginn des Jahres 1989 im Verfassungsrecht eine deutlich größere Rolle als in der Politik. In der politischen Programmatik war sie langsam verblasst, wenn nicht verschwunden – auch die CDU hatte darüber nachgedacht, dieses Ziel aus ihrem Parteiprogramm zu streichen.

Das Bundesverfassungsgericht hatte dagegen daran bis in die achtziger Jahre ausdrücklich festgehalten, dass die Wiedervereinigung als ein vom Grundgesetz gebotenes politisches Ziel zu behandeln sei, also nicht aufgegeben werden dürfe.

Im Prozess der Wiedervereinigung zwischen November 1989 und Oktober 1990 spielte das Grundgesetz eine durchaus eigentümliche Doppelrolle – auf der einen Seite als Regelwerk für die Organisation der Einheit, auf der anderen Seite als ein politisches Argument. Beides hing miteinander zusammen:

Als im Laufe des Jahres 1990 deutlich wurde, dass sich DDR und Bundesrepublik wieder zu einem einheitlichen Staatswesen mit einer gemeinsamen politischen Ordnung vereinen würden, stellte sich die Frage nach dem Weg. Das Grundgesetz hielt zwei Möglichkeiten bereit. Art. 23 Satz 2 GG ermöglichte es den neuen Ländern, der Bundesrepublik beizutreten und somit durch eigene politische Entscheidung Teil der Ordnung des Grundgesetzes zu werden. Damit wäre die innere Organisation dieser Länder zugleich vorbestimmt gewesen, denn das Grundgesetz schreibt seinen Ländern eine demokratische und rechtsstaatliche Form vor, die im Großen und Ganzen derjenigen des Bundes entspricht. Eine zweite Möglichkeit bestand in einer demokratischen Neugründung Deutschlands durch einen gemeinsamen Akt der verfassunggebenden Gewalt des Volkes, also durch eine gesamtdeutsche Nationalversammlung und/oder eine Volksabstimmung. Der letzte Artikel des Grundgesetzes, Art. 146 GG, sah und sieht diese Möglichkeit vor. Sie wurde von einer kleinen Minderheit der Staatsrechtler und von Bürgerrechtlern diskutiert, die einen eigenen Verfassungsentwurf vorlegten. Politisch hatte dieser Weg nie eine Chance. Offensichtlich hatten Mehrheiten im Westen kein Interesse an einer neuen Verfassung, Mehrheiten im Osten aber andere Sorgen. Hier geriet das Grundgesetz eben auch zum politischen Argument, denn unbestritten handelte es sich um eine sehr gelungene Verfassung. Die Erfahrungen mit ihm begründeten keinen Bedarf nach einem neuen Dokument. Diejenigen im Parlamentarischen Rat, die zwar die Rechtslage des geteilten Deutschlands, nicht aber die Inhalte des Grundgesetzes für ein Provisorium hielten, hatten Recht behalten.

Beurteilt man die Vorgänge mit der stets nur geborgten Weisheit des Nachhineins aus verfassungstheoretischer Sicht, so sollte man zwei Dinge auseinanderhalten: einerseits die durchaus zweifelhafte Notwendigkeit, anlässlich der Wiedervereinigung eine neue Verfassung zu schreiben, andererseits die Frage, wie die Wiedervereinigung zustande kam. In der Tat mutet das Bedürfnis nach einer neuen Verfassung heute in der Sache nicht viel seltsamer an als damals. Sicherlich lassen sich auch die besten Dinge verbessern, aber bedenkt man, wie oft das Grundgesetz bereits vor der Wiedervereinigung geändert worden war – 35-mal –, so war der Bedarf nach einem grundlegend neuen Text schwer zu erkennen. Viele Inhalte der damals diskutierten Verfassungsentwürfe – etwa die Einführung sozialer Grundrechte auf Wohnung und Arbeit – präsentierten dann auch weniger grundsätzlich Neues als vielmehr einen Versuch der linksliberalen verfassungsrechtlichen Dauerminderheit des Westens, durch den Osten zur verfassunggebenden Mehrheit zu werden.

Trotzdem hatte die Arbeit an den neuen Verfassungsentwürfen ein grundsätzlich richtiges Anliegen, dem der tatsächliche Verlauf der Wiedervereinigung nicht ausreichend Rechnung getragen hat. Denn der Entwurf einer neuen Verfassung nahm die Herausforderung ernst, den neu zusammengefügten Teilen des Staatsvolkes eine von allen gemeinsam angenommene Ordnung zu geben. Eine gesamtdeutsche Verfassunggebung – und sei es nur als neues Inkraftsetzen des Grundgesetzes – hätte die symbolisch-politische Gemeinsamkeit an den Anfang des Einigungsprozesses gestellt, mit der wir uns bis heute so schwer tun. Der Abschluss eines Vertrags zwischen Ost und West erscheint dagegen als Vorschein der Sonderbefindlichkeiten, die wir immer noch nicht losgeworden sind. Zwei Parteien, die einen Vertrag miteinander abschließen, bleiben eben symbolisch – zwei Parteien. Hier mag man einwenden, eine solche These überschätze das Verfassungsrecht deutlich, auch eine gemeinsame Verfassung hätte den Prozess der Wiedervereinigung nicht grundlegend verändert. Vielleicht stimmt das, aber sicherlich trifft der Einwand nicht den Kern des Problems. Verfassungen bestimmen nicht, wie eine demokratische Ordnung ist, sondern welchen normativen Anspruch sie an sich selbst erhebt, also wie sie sein will. Die Wiedervereinigung als Vertrag zu vollziehen, zeigt, wie schwach der Anspruch der Beteiligten war, eine wirklich gemeinsame politische Ordnung zu beginnen.

Konjunkturen des Föderalismus

Auch die Entwicklung des Föderalismus wurde wesentlich durch den politischen Prozess der Verfassungsänderung und durch die politische Praxis, weniger durch das Bundesverfassungsgericht betrieben. Drei Entwicklungen sind hervorzuheben: Vor 1989 hatten die allermeisten der bis dahin beschlossenen 35 Verfassungsänderungen die bundesstaatliche Ordnung betroffen – und sie waren so gut wie immer Akte der Zentralisierung gewesen, also der Erweiterung der Kompetenzen des Bundes auf Kosten der Länder, denen die allermeisten Länder – oft mit der einsamen Ausnahme Bayerns – zugestimmt hatten. Noch in den siebziger Jahren war der klassisch sozialdemokratische Glaube an zentralisierte politische Steuerung durch den Bund in allen politischen Lagern verbreitet. Zum Zeitpunkt der Wiedervereinigung beschränkten sich die Gesetzgebungskompetenzen der Länder im Wesentlichen auf Fragen der Kultur, der Bildung, des Ordnungsrechts und der kommunalen Organisation.

Von Beginn an tendierten die Länder allerdings dazu, in denjenigen Bereichen, in denen ihnen Kompetenzen verblieben, eng und informell miteinander zusammenzuarbeiten. Viele wichtige Entscheidungen, etwa im Rundfunk- oder im Schulrecht, sind praktisch nicht von einem einzigen Land durchzusetzen. Sie bedürfen der Anerkennung der anderen Länder. In anderen Gebieten war der Wille zu eigener demokratischer Gestaltung in verschiedenen Ländern unterschiedlich stark ausgeprägt. Im besten Falle diente die föderale Ordnung als Experimentierfeld, auf dem verschiedene Regelungen ausprobiert wurden. Im schlechtesten Falle überwog die Furcht vor eigener Gestaltung – bei vielen kleinen Ländern auch die Fähigkeit, mit einem kleinen Ministerialapparat gute Gesetze zustande zu bekommen – und man sprach sich im Ganzen oder innerhalb des eigenen Lagers ab. Viele Landesgesetze in den neuen Ländern lesen sich heute wie – mitunter schlechte – Kopien der Gesetzgebung ihrer Schwesterbundesländer im Westen.

Hinzu kam die Rolle des Bundesrates: Wie gesehen (S. 26 f.), war die Einführung des Bundesrates eines der umstrittensten Elemente in den Diskussionen des Parlamentarischen Rates gewesen. In der so 1949 beschlossenen Ordnung werden die Gesetze des Bundes regelmäßig von den Ländern ausgeführt. Regelte das Gesetz dabei das von den Ländern anzuwendende Verfahren oder die Organisation seiner Behörden, so bedurfte es der Zustimmung des Bundesrates. Lange Zeit hatte niemand damit gerechnet, dass die Mehrheit des Deutschen Bundestages eine andere politische Ausrichtung hatte als die Mehrheit des Bundesrates. Dieser Zustand begann jedoch in der Ära Schmidt, wurde dann durch die Wahl Helmut Kohls unterbrochen, um später in der Kohl-Ära wieder einzusetzen, durch die Wahl Schröders wiederum unterbrochen zu werden und gleichfalls später wieder einzusetzen. Heute, 60 Jahre nach Inkrafttreten des Grundgesetzes, hat die Große Koalition keine eigene Mehrheit mehr im Bundesrat. Das Zustimmungserfordernis zugunsten des Bundesrates wuchs sich ungeplant zu einer Art Allparteienregierung aus, in der die Mehrheit des Bundestages nicht mehr allein die politisch relevanten Entscheidungen treffen kann. Die viel zitierte politische Blockade war in erster Linie Folge dieser Kompetenz des Bundesrates.

Alle drei Entwicklungen – die Kompetenzauszehrung der Länder, die zunehmende Stärke des Bundesrates und die Verflechtung der föderalen Strukturen – wurden seit den siebziger Jahren diskutiert, veranlassten den politischen Prozess aber erst nach der Wiedervereinigung über Änderungen des Grundgesetzes nachzudenken. Offensichtlich hatte sich die Funktion der Länder anders entwickelt als gedacht. Die Länder waren weniger eigenständige demokratische Einheiten als vielmehr mächtige Verwaltungsinstanzen, deren politischer Einfluss sich größtenteils innerhalb der Bundespolitik abspielte.

Um dies zu ändern, wurden in den Jahren 1994 und 2006 zwei große Verfassungsreformen verabschiedet. Diese räumten den Ländern wieder mehr Gesetzgebungskompetenzen ein, stärkten die Kontrollmöglichkeiten des Bundesverfassungsgerichts und versuchten in der Reform 2006, die Beteiligung des Bundesrates einzuschränken – Letzteres ein gesetzestechnisch schwieriges Unterfangen, das man nach ersten Erfahrungen wohl als gescheitert ansehen muss. Ob die Länder ihre neuen Gesetzgebungskompetenzen nutzen, wird sich noch erweisen müssen. Das größte und schwierigste Problem der bundesstaatlichen Ordnung, die verflochtenen Einnahmen- und Ausgabestrukturen, bleibt weiterhin ungelöst, auch wenn eine weitere Föderalismuskommission sich ihrer angenommen hat.

Immerhin zeigt diese Entwicklung die Umkehr eines Trends zur Zentralisierung des Bundesstaates, der lange Zeit geradezu als föderales Naturgesetz betrachtet worden war. Diese Tendenz entspricht der Entwicklung in vielen anderen Ländern, die damit beginnen, Ebenen unterhalb des Nationalstaats zu stärken – wie in Großbritannien, Frankreich und Spanien –, oder eine strengere Kontrolle der Bundeskompetenzen durch ein föderal sensibleres Gericht erhalten, wie in den Vereinigten Staaten.

Doppelte Freiheitsverluste: Grundrechtsverkürzung und Staatsziele

Wirft man zuletzt einen Blick auf die aktuellen Änderungen des Grundgesetzes, so fallen jenseits der Bundesstaatsreform zwei Typen auf: die Verkürzung von Grundrechten und die Einführung von Staatszielbestimmungen. Im Ergebnis erzeugen beide Verluste an Selbstbestimmung.

«Neue» Grundrechte zu erfinden ist Sache des Bundesverfassungsgerichts, wir haben dafür einige Beispiele gesehen (S. 81). Im Gegenzug pflegt der verfassungsändernde Gesetzgeber die Grundrechte zu verkürzen. Hinsichtlich des Post-, Brief- und Fernmeldegeheimnisses schaffte er bereits im Jahre 1970 den gerichtlichen Rechtsschutz ab. Stattdessen werden diese Vorgänge von einem Parlamentarischen Kontrollgremium kontrolliert, dessen mangelnde Effizienz kaum bestritten wird. Im Ergebnis wird in Deutschland deutlich mehr abgehört als in vergleichbaren anderen Ländern. Zwei weitere Eingriffe in den Grundrechtsteil betrafen das Recht auf Asyl, Art. 16 GG, das in umständlichen Regeln faktisch so gut wie abgeschafft wurde, und das Recht auf die Unverletzlichkeit der Wohnung, Art. 13 GG, das durch die Einführung des sogenannten «Großen Lauschangriffs» gleichfalls stark beschränkt wurde. Wenn Verfassungsnormen lügen, dann tun sie dies in umständlichen Worten. Im ersten und im dritten Fall dachte das Bundesverfassungsgericht zumindest ernsthaft darüber nach, ob die Grenzen der zulässigen Änderbarkeit durch den verfassungsändernden Gesetzgeber berührt wurden. So ließe sich argumentieren, dass die vollständige Überwachung einer Person auch innerhalb ihrer Wohnung, wie sie der «Große Lauschangriff» ermöglicht, ihre Menschenwürde berührt.

Griffen diese Änderungen mit einiger Härte in unserer aller Freiheitssphäre ein, so erscheint der zweite Typ von Verfassungsänderungen als faktisch folgenlos und erweist sich aus diesem Grund als problematisch: Das Grundgesetz kannte in seiner Urfassung nur eine einzige Staatszielbestimmung, also nur eine Regelung, die den Staat auf ein bestimmtes politisches Ziel verpflichtet: die Sozialstaatlichkeit in Art. 20 Abs. 1 GG. Im Normalfall bleibt die Zielsetzung staatlichen Handelns dem demokratischen Gesetzgeber überlassen. Hinzugefügt wurden im Jahre 1994 die Ziele der Gleichstellung der Geschlechter und des Umweltschutzes. Man erkennt in beiden Zielen existenzielle politische Anliegen, die es verdienen mögen, in das Grundgesetz aufgenommen zu werden.

Spätestens mit der Einführung des Tierschutzes in das Grundgesetz im Jahre 2002 entstand aber eine Art verfassungspolitisches race to the bottom um die stärkste Trivialisierung der Staatszielbestimmungen. Heute wollen alle Politikbereiche im Grundgesetz mit ihren Anliegen verewigt werden. Gegenstände wie Kultur und Sport stehen ebenso in der politischen Diskussion wie Kinderrechte und die deutsche Sprache. Anders als die Finanzierung von Goethe-Instituten für die deutsche Sprache oder die Einstellung von Sozialarbeitern für die Jugendfürsorge sind Staatszielbestimmungen aber ein klassisches Beispiel «symbolischer» Politik. Die Mehrheit, die sie ins Grundgesetz eingefügt hat, kann von sich sagen, etwas für einen politischen Belang getan zu haben, ohne dass irgendetwas Konkretes geschehen, aber auch ohne dass irgendwelche Kosten verursacht worden wären. Denn die Formulierungen sind so abstrakt, dass sie von vornherein kein sinnvolles Handlungsprogramm für Gerichte oder Verwaltungen enthalten. Im Ergebnis passiert gar nichts, und das ist wohl auch gut so. Denn hätte die Einführung von Staatszielbestimmungen konkrete Folgen, so wären diese durchaus problematisch: Der eigentlich offen zu denkende demokratische Prozess wäre nun verpflichtet, bestimmte Belange für wichtiger zu halten als andere, beispielsweise nach geltendem Verfassungsrecht Tierschutz gegenüber Bildung zu bevorzugen, unabhängig von den aktuellen Problemen, vom ständigen Bedarf in einer Demokratie, Präferenzen zu verändern, und von den aktuellen politischen Mehrheiten. Wirksame Staatszielbestimmungen erzeugen einen Verlust an demokratischer Selbstbestimmung. So erkennen wir in der Diskussion um Staatszielbestimmungen gleich mehrere Schwächen unserer politischen Kultur: Ein trivialisierendes Verfassungsverständnis kann sich wegen der einfachen Änderbarkeit des Grundgesetzes ausleben und paart sich mit einem leeren symbolischen Politikverständnis.

Die Europäisierung des Grundgesetzes

Die Europäisierung der deutschen Verfassungsordnung bleibt in Deutschland ein wenig umstrittenes Gebiet, sie war und ist bei allen Nuancen ein gemeinsames Projekt aller politischen Lager. Dem entspricht die grundsätzliche Offenheit des Grundgesetzes für internationale Verpflichtungen, die dem Text der Verfassung von Beginn an eingeschrieben war. Art. 24 GG alter Fassung gestattete es dem Bundesgesetzgeber, «Hoheitsrechte auf zwischenstaatliche Organisationen [zu] übertragen». Das bedeutet, dass der Bundestag mit einfacher Mehrheit Kompetenzen an europäische oder internationale Organisationen abgeben kann und auf deren Ausübung von nun an verzichtet. Wir hatten oben gesehen (S. 57 f.), wie wichtig es für den Vorrang einer Verfassung ist, dass formelle Änderungen sich auch in Änderungen des Verfassungs*textes* wiederfinden. Dies ordnet das Grundgesetz auch für alle Änderungen an – mit Ausnahme des Art. 24 GG. Die Übertragung von Kompetenzen an internationale oder europäische Organisationen ist im Text des Grundgesetzes nicht festzumachen. Wenn man heute den Text des Grundgesetzes studiert, muss man sich die Kompetenzen der EU hinwegdenken oder die europäischen Verträge hinzuziehen, um ein Bild vom Bestand der Aufgaben zu bekommen, die die Bundesrepublik noch für sich allein ausüben kann. Die europäische Integration ist nicht Gegenstand dieser Darstellung. Klar ist aber, dass sie die Bedeutung des Grundgesetzes entscheidend verändert hat.

Bis in die achtziger Jahre wurde die europäische Integration als eine Art unsichtbare Nebenrechtsordnung verstanden, die zwar Vorrang vor dem deutschen Recht beanspruchte, deren Regelungen aber den Inhalt des Grundgesetzes bis auf den Verlust bestimmter Kompetenzen nicht wesentlich berührten. Das Europarecht bestand aus den Organisationsregeln für die Europäischen Gemeinschaften und aus den vornehmlich wirtschafts- und umweltrechtlichen Regelungen, die diese Gemeinschaften vor allem zur Schaffung eines gemeinsamen europäischen Marktes erlassen hatten. Die europäische Integration vollzog sich einerseits durch gemeinsame politische Entscheidungen der Mitgliedstaaten, andererseits durch die Gerichte, die über Klagen von europaweit agierenden Bürgern entschieden. Wer innerhalb Europas handeln und wandeln will und dabei an nationalrechtliche Beschränkungen stößt, kann diese am Maßstab des Europarechts überprüfen lassen. Gewinnt er seinen Fall, dann eröffnet er damit dem Europarecht neue Regelungsfelder. Diese Phase der Europäisierung lief nicht nur am Grundgesetz, sondern auch am Bundesverfassungsgericht weitgehend vorbei. Die unteren nationalen Gerichte sind befugt, dem Europäischen Gerichtshof Rechtsfragen vorzulegen, ohne eine Entscheidung des Bundesverfassungsgerichts abzuwarten. Zwar behielt sich das Bundesverfassungsgericht vor, europäisches Recht am Maßstab der Grundrechte zu überprüfen, doch hatte dieser Vorbehalt wenig praktische Bedeutung.

Diese Wahrnehmung des Integrationsprozesses wandelte sich mit dem Vertrag von Maastricht aus dem Jahr 1992. Die EG/EU bekam neue Kompetenzen, die weit über die Marktintegration hinausgingen und auch die Außen- und die Innenpolitik umfassten. Für den Vertrag musste das Grundgesetz an vielen Stellen geändert werden und die Frage nach der Legitimation der europäischen Integration und der Souveränität der Bundesrepublik als Mitglied der Europäischen Union wurde dringlicher. In einer seiner berühmtesten Entscheidungen überprüfte das Bundesverfassungsgericht den Vertrag von Maastricht, bestätigte ihn, erklärte sich aber zugleich zum Hüter der Souveränität der Bundesrepublik und behielt sich vor, künftige Integrationsschritte zu überprüfen, wenn sie mit einer verfassungsändernden Mehrheit beschlossen wurden. Das Urteil hatte eine nicht unbeträchtliche politische Wirkung. Es diente nicht zuletzt als eine Ermutigung für andere integrationsskeptische nationale Verfassungsgerichte wie diejenigen Polens oder Italiens und als eine Warnung an den Europäischen Gerichtshof, die Kompetenzen der EU nicht zu großzügig auszulegen. Die Frage, wer die Letztentscheidungsgewalt innerhalb der Europäischen Union hat, der Europäische Gerichtshof oder die nationalen Verfassungsgerichte, hat im Umkreis dieser Auseinandersetzung die Wissenschaft viel beschäftigt – vermutlich ist die Frage einfach falsch gestellt und überschätzt einmal mehr die politische Bedeutung der Gerichte.

Umgekehrt wird man aber die Legitimation des Bundesverfassungsgerichts, der europäischen Integration Grenzen zu ziehen, in Frage stellen können. Wenn eine verfassungsändernde demokratische Mehrheit einen zusätzlichen Schritt der Integration will, kann das Gericht dem nur eine höchst anfechtbare Auslegung der änderungsfesten Norm des Art. 79 Abs. 3 GG (S. 58 f.) entgegensetzen. Letztlich wird sich der politische Prozess der europäischen Integration vielleicht durch politischen Widerstand, doch sicherlich nicht durch die Berufung auf das Grundgesetz aufhalten lassen. Seine Rolle als Hüter der Grundrechte muss das Gericht dadurch aber nicht verlieren (S. 112).

IV. Das Grundgesetz als Kultur

Unter dem Stichwort Kultur wollen wir in diesem Abschnitt drei unterschiedliche Phänomene untersuchen, die sich nicht unmittelbar auf die juristische Funktion des Grundgesetzes beziehen: die Bedeutung des Grundgesetzes für die politische Kultur der Bundesrepublik, den Beitrag der Rechtswissenschaft zum Verständnis des Grundgesetzes und die Rezeption des Grundgesetzes im Ausland.

1. Verfassungspatriotismus und Verfassungsfolklore

Zum 30. Geburtstag des Grundgesetzes, am 23. Mai 1979, erschien in der Frankfurter Allgemeinen Zeitung ein Artikel des Heidelberger Politikwissenschaftlers Dolf Sternberger mit der Überschrift «Verfassungspatriotismus». Der Ausgangspunkt von Sternbergers Argumentation war die deutsche Teilung. War es denkbar, auch ohne deutschen Nationalstaat für die Ordnung der Bundesrepublik so etwas wie Patriotismus zu empfinden? Sternberger, ein weltoffener Liberalkonservativer, der Doktorvater Helmut Kohls, entdeckte im Grundgesetz einen möglichen Gegenstand patriotischer Gefühle: «Das Nationalgefühl bleibt verwundet, wir leben nicht im ganzen Deutschland. Aber wir leben in einer ganzen Verfassung, in einem ganzen Verfassungsstaat, und das ist selbst eine Art von Vaterland.» Sternbergers später verfeinerte Argumentation berief sich nicht zuletzt auf historische Vorläufer, namentlich auf den deutschen Patriotismus vor der Gründung des deutschen Nationalstaats im Jahre 1871. Patriotismus, so Sternberger, bedarf keines Nationalstaats, eine These, die gegenwärtig mit Blick auf die europäische Integration wieder auf Interesse stößt.

Die Idee des Verfassungspatriotismus wurde vom Philosophen Jürgen Habermas aufgegriffen, der ihr eine abstraktere, eben philosophische Richtung gab. Zur Identifikation taugen freiheitliche Verfassungen wie das Grundgesetz Habermas zufolge, weil und soweit sie die Anerkennung der durch sie organisierten Subjekte ermöglichen. Habermas deutete den Verfassungspatriotismus also als ein Produkt der Vernunft, die schätzt, was ihr normative Anerkennung verschafft. Erst diese Variante der Idee des Verfassungspatriotismus stieß auf den scharfen Widerspruch konservativer Staatsrechtler, die sich an der Habermasschen «Staatsvergessenheit», wohl nicht zuletzt an seinem geringen Interesse an der Wiedervereinigung störten. Die recht polemische Kritik der Staatsrechtler blieb allerdings unter dem bereits erreichten Niveau. Der Habermas gemachte Vorwurf, er liefere ein abstraktes theoretisches Konzept, wo konkrete historische Erfahrungen notwendig seien, verfing in der Sache nicht, auch wenn seine früheren Formulierungen an dem Vorwurf nicht ganz unschuldig sind: «Der einzige Patriotismus, der uns dem Westen nicht entfremdet, ist ein Verfassungspatriotismus. Eine in Überzeugungen verankerte Bindung an universalistische Verfassungsprinzipien hat sich leider in der Kulturnation der Deutschen erst nach – und durch – Auschwitz bilden können.» In der Tat könnte der Hinweis auf den Universalismus jede Besonderheit einer Ordnung im Vergleich zu einer anderen ausschließen. Aber Verfassungspatriotismus muss nicht nur die Anhänglichkeit an die Idee des demokratischen Rechtsstaates als solchen bezeichnen, sondern kann sich auch an eine bestimmte freiheitliche Verfassung richten, an das Grundgesetz, an seine Leistungen, an bestimmte Urteile wie «Lüth», an bestimmte besondere Institute wie die Rechtsschutzgarantie, an bestimmte Personen wie Schmid oder v. Mangoldt, die es geschaffen und gepflegt haben, oder an Erinnerungsorte wie das Bonner Museum Koenig, die wir mit dem Grundgesetz verbinden. Dass diese Elemente unserer Verfassungskultur der Erinnerung wert sind, kann sich aber in der Tat nicht anders rechtfertigen als durch allgemeine normative Argumente. Warum ausgerechnet eine deutsche Konzeption von Patriotismus angesichts der starken föderalen Tradition und der späten Nationalstaatsgründung auf den Begriff des Staats angewiesen sei, bleibt dagegen mit

Habermas systematisch und mit Sternberger historisch zweifelhaft. Für die Bundesrepublik, die ihren Inlandsgeheimdienst anders als die DDR nicht Staats-, sondern Verfassungsschutz nennt, ist der Bezug auf die Verfassung von besonderer Bedeutung. «In einer Demokratie gibt es an Staat nicht mehr, als seine Verfassung zum Entstehen bringt», wie der große sozialdemokratische Rechtspolitiker Adolf Arndt feststellte.

Spricht all dies für die Konzeption des Verfassungspatriotismus, so beginnen die Probleme bei der Suche nach Spuren eines solchen Verfassungspatriotismus innerhalb der politischen Kultur der Bundesrepublik. Eine populäre Verfassungsfolklore, wie sie dem Besucher Philadelphias, dem Entstehungsort der Verfassung der Vereinigten Staaten entgegenschlägt, wird man hierzulande vergeblich suchen. Jenseits der Aushändigung eines Exemplars des Grundgesetzes zur Abiturfeier, die als solche schon ein bemerkenswert undemokratisches Phänomen darstellt, so als sei die Verfassung nur etwas für höhere Schüler, und der Metonymie «Karlsruhe» für das Bundesverfassungsgericht fehlt es an populären Bezügen auf das Grundgesetz. Nun ist politische Symbolik ohnehin nicht eben die starke Seite der deutschen politischen Kultur. Schon die unsentimental verlaufende Abschaffung der Deutschen Mark zeigte, dass auch andere Institutionen mit hohem symbolischem Gehalt letztlich wenig Anhänglichkeit erzeugt haben. Trotzdem wäre darüber nachzudenken, ob dieser Zustand wünschenswert und unabänderlich ist. Wenn man Traditionen selbst erfinden kann, so ginge es für das Grundgesetz doch nur darum, an bestimmte Traditionen zu erinnern, namentlich an die Geschichte der Verfassungsschöpfung in der Weimarer Nationalversammlung und im Parlamentarischen Rat.

2. Die Staatsrechtswissenschaft

Lange Zeit war das Staatsrecht vor allem eine akademische, kaum eine praktische, jedenfalls keine auf die Entscheidungen von Gerichten bezogene Disziplin. Im 19. Jahrhundert, aus dem bis heute sehr viele unserer staatsrechtlichen Kategorien kommen, wurden staatsrechtliche Probleme so gut wie nie Gegenstand eines Gerichtsverfahrens. Das Staatsrecht beschrieb die bestehenden politischen Institutionen, es arbeitete historisch und vergleichend und bemühte sich um begriffliche Konsistenz bei der Entwicklung von Rechtssätzen – einen praktischen Bezug hatte es nur selten. Das Staatsrecht war eine recht junge Disziplin, die es erst nach und nach mit dem viel älteren und konzeptionell ausgereifteren Zivilrecht aufnehmen konnte. Erst gegen Ende des 19. Jahrhunderts hatte die Wissenschaft vom Staatsrecht eine gewisse methodische Selbstständigkeit entwickelt. Politisch blieb die Disziplin bis in die Gegenwart auffällig konservativ: Im Kaiserreich dienten viele staatsrechtliche Begriffsbildungen der Sicherung der Herrschaft des Monarchen gegen die Machtansprüche des Parlaments. In der Weimarer Republik stand die Mehrheit der Staatsrechtler der neuen parlamentarischen Ordnung skeptisch bis ablehnend gegenüber, ohne Vorstellungen von Alternativen entwickeln zu können. Auch wenn es vor 1933 nur sehr vereinzelt Staatsrechtler gab, die Anhänger des Nationalsozialismus waren, so war die Bereitschaft nicht nur zur Anpassung, sondern auch zur Mitarbeit am Nationalsozialismus anschließend sehr verbreitet.

Der mehrheitlich antiparlamentarischen Orientierung der Wissenschaft stehen die konstruktiven Beiträge gegenüber, die die deutschen Staatsrechtswissenschaften gerade in ihrer international bedeutendsten Zeit vom späten 19. Jahrhundert bis zum Ende der Weimarer Republik zu vielen wissenschaftlichen und institutionellen Problemen beisteuern konnten. Der Heidelberger Staatsrechtler Georg Jellinek nahm als einer der wichtigen Gesprächspartner des Soziologen Max Weber und des Theologen Ernst Troeltsch an den avanciertesten herrschaftstheoretischen Diskussionen seiner Zeit teil – und steuerte mit seiner «Allgemeinen Staatslehre» und vielen Einzelstudien viel zu diesen bei. Die Weimarer Reichsverfassung verdankt ihre weiterhin unterschätzte Form dem großen Berliner Staatsrechtler Hugo Preuß. In Österreich entwickelte Hans Kelsen, einer der bedeutendsten Rechtstheoretiker des 20. Jahrhunderts, ein Modell der Verfassungsgerichtsbarkeit, das sich heute in vielen

Ordnungen, auch in der des Grundgesetzes, verwirklicht findet. Sein Schüler Adolf Merkl schuf mit der Stufenbaulehre eine konsequente Theorie des Vorrangs der Verfassung. Die Weimarer Epoche war die Zeit der eigentlichen Blüte der Staatsrechtswissenschaft: Autoren wie Hans Kelsen, Hermann Heller, Rudolf Smend und Carl Schmitt stritten um angemessene Konzeptionen der Legitimität politischer Herrschaft und um das richtige Methodenverständnis der eigenen Wissenschaft. Der Schatten dieser Diskussion beherrschte auch die Debatten in der Bundesrepublik. Zugleich bleiben sie die international am meisten zur Kenntnis genommenen deutschen Autoren ihres Faches.

Bei der Entstehung des Grundgesetzes spielten nur einzelne Staatsrechtler eine bedeutende Rolle, der Einfluss der Wissenschaft erwies sich als beschränkt. Carlo Schmid und Hermann von Mangoldt waren die beiden einzigen relevanten Staatsrechtler im Parlamentarischen Rat – und es waren nicht zuletzt Schmids professorale Stärken wie seine etwas aufdringliche Bildung, die ungewollt auch zu seinen politischen Schwächen beitrugen.

Mit Inkrafttreten des Grundgesetzes, vor allem aber mit der Arbeitsaufnahme des Bundesverfassungsgerichts, beschleunigte sich eine Entwicklung, die bereits in der Weimarer Republik eingesetzt hatte: Das Staatsrecht wurde mehr und mehr zu einer praktischen Wissenschaft, die sich vornehmlich mit der dramatischen Zunahme an gerichtlichen Entscheidungen im Verfassungs- und im Verwaltungsrecht auseinanderzusetzen hatte. Die Staatsrechtswissenschaft entwickelte sich in wesentlichen Teilen zu einer – mitunter recht unkritischen – Kunde von der Rechtsprechung des Bundesverfassungsgerichts. Es entstand, was Bernhard Schlink kritisch als «Bundesverfassungsgerichtspositivismus» bezeichnet hat. Damit verlor die Staatsrechtswissenschaft zugleich viel von dem hohen theoretischen Niveau, das sie im Kaiserreich, vor allem aber in der Weimarer Republik ausgezeichnet hatte. Zumal in den fünfziger und sechziger Jahren ein großer Pragmatismus in der Staatsrechtslehre herrschte. Staats*theorie* stand unter Politikverdacht – und die Beschäftigung mit Politik war der Disziplin – so der allgemeine Eindruck – schon einmal nicht gut bekommen. Gab es dennoch staatstheoretische Auseinandersetzungen, so folgten diese den Spuren zweier Weimarer Protagonisten, Rudolf Smend und Carl Schmitt. Die anderen beiden Weimarer Meister, Heller und Kelsen, beide Juden und Sozialdemokraten oder der Sozialdemokratie nahestehend, waren ins Exil vertrieben worden, der eine, Heller, dort bald verstorben, der andere, Kelsen, über manche Umwege in den Vereinigten Staaten geblieben. Schmitt und Smend dagegen konnten in Deutschland bald nach dem Krieg einflussreiche Schulen bilden, die sich nicht zuletzt in ihrem Verhältnis zum Grundgesetz unterschieden. Die Schmittianer, Anhänger eines starken Staats, der sich mit der Gesellschaft nicht gemeinmachen sollte, empfanden das Grundgesetz als ein peinliches Provisorium, ein schwaches, letztlich unpolitisches Gebilde, das zur Beute von Interessenverbänden und moralisierenden Richtern wurde. Demokratischer Pluralismus stand ihrem Staatsverständnis entgegen. Gerade die ausgreifende Grundrechtsrechtsprechung des Bundesverfassungsgerichts stieß bei ihnen auf scharfe Kritik. Smend dagegen, der in Weimar kein Freund der parlamentarischen Demokratie gewesen war, baute seine alten korporatistischen verfassungstheoretischen Konzeptionen zu einer pluralistischen Verfassungstheorie um, in der das Bundesverfassungsgericht als Faktor gesellschaftlicher Integration einen herausragenden Platz erhielt. Für die Smendianer waren die Methoden des Bundesverfassungsgerichts, die Identifizierung von Grundrechten mit Werten und die herausragende Bedeutung der Abwägung, Entwicklungen, die sie positiv begleiten und methodisch verfeinern konnten. Deswegen war ihr Einfluss auf das Verfassungsrecht der Bundesrepublik auch ungleich größer.

Die eigentliche Leistung der Staatsrechtswissenschaft unter dem Grundgesetz bestand weniger im Entwurf theoretischer Modelle als in einer sehr genauen, im internationalen Vergleich wohl einmaligen systematischen Durchdringung der Gesetzgebung und der Rechtsprechung, also dem, was kontinentaleuropäische Juristen als «Dogmatik» bezeichnen. In einer kaum zu überschauenden Fülle von Lehrbüchern, Grundgesetz-Kommentaren, Urteils-Anmerkungen, Monographien und Aufsätzen hat die deutsche Staatsrechtswissenschaft Einzelprobleme des Staatsrechts analysiert und klassifiziert – eine Bearbeitungsdichte, um die die deutsche Rechtswissenschaft im Ausland nicht selten beneidet wird.

Diese Eigenheiten wird man nicht aufgeben wollen – und doch bemerken, dass es der Staatsrechtswissenschaft immer noch schwerfällt, sich zu modernisieren. Dies hat vielleicht weniger mit methodischer Rückständigkeit zu tun, denn das Interesse des Faches an den benachbarten Sozial- und Geisteswissenschaften ist nicht gering, sondern erwacht mit einer gewissen Regelmäßigkeit. Es hat mehr mit institutionellen Faktoren zu tun: Zum Ersten operiert die Disziplin sehr nah an gesellschaftlicher Macht. Staatsrechtler schreiben Gutachten, führen Prozesse, besetzen Ämter – und sind damit sehr stark in die Prozesse involviert, die sie eigentlich aus sicherem wissenschaftlichen Abstand analysieren sollten. Gerade im Umgang mit dem Bundesverfassungsgericht ist daher eine gewisse professionelle Distanzlosigkeit eingerissen. Zum Zweiten verknüpft das juristische Staatsexamen die Wissenschaft sehr eng mit der Praxis. Wer neue Themen erforscht, kann sie nur sehr begrenzt lehren, weil sie nicht einfach zum Gegenstand der Staatsprüfung werden. Aber eine innovative Wissenschaft muss sich auch mit Fragen beschäftigen dürfen, die in keine Staatsexamensprüfung passen: letztlich auch zum intellektuellen Wohle der auszubildenden Juristen. Der Preis für den großen praktischen Erfolg der Disziplin im Rechtssystem ist ein Verlust an eigenständiger und origineller Wissenschaftlichkeit.

3. Das Grundgesetz im Ausland

Das Grundgesetz ist global eine viel beachtete und sehr geschätzte Verfassung. Dafür gibt es zwei Gründe. Zum Ersten stellt es eine der ersten posttotalitären Verfassungen dar. Der Parlamentarische Rat hatte sich mit der Frage auseinanderzusetzen, was die Entfesselung der Politik im Nationalsozialismus für den Neuentwurf eines demokratischen Rechtsstaats zu bedeuten hatte. Diese Frage stellte sich aber nach dem Zweiten Weltkrieg und noch einmal nach 1989 für sehr viele andere Staaten auch, denn diejenigen Staaten, die eine relativ kontinuierliche demokratische Entwicklung ohne totalitäre oder autoritäre Erfahrungen genommen haben, sind in der internationalen Gemeinschaft eindeutig die Ausnahme. Es sind in der Regel auch diese alten Demokratien, die anders als die Ordnung des Grundgesetzes mit einer schwachen oder gar ohne Verfassungsgerichtsbarkeit auskommen: die skandinavischen Länder, Frankreich, Großbritannien und die Niederlande. Für die anderen Länder, die jüngeren Demokratien war das Grundgesetz wie auch die Rechtsprechung des Bundesverfassungsgerichts ein relativ einflussreicher Orientierungspunkt.

Der zweite Grund für den internationalen Erfolg des Grundgesetzes liegt weiter zurück. In gewisser Weise zehrt die Rezeption des Grundgesetzes noch von einer viel älteren Wertschätzung für die deutsche Rechtskultur, die vor allem auf die Weltgeltung des deutschen Zivilrechts im 19. Jahrhundert und des Bürgerlichen Gesetzbuches zurückgeht. So erscheint in vielen Ländern der Welt, namentlich in Lateinamerika und Asien die deutsche Rechtskultur als besonders vorbildlich, vielleicht nur noch vergleichbar mit der Kultur des angelsächsischen Common Law, die allerdings durch die Verbreitung der englischen Sprache durch das Commonwealth und durch den politischen Einfluss der Vereinigten Staaten einen viel stärkeren institutionellen Rückhalt hat. Nicht selten konkurrieren in anderen Rechtsordnungen verschiedene Rezeptionsschulen miteinander, so in Griechenland die französische und die deutsche oder in Japan und Taiwan die amerikanische und die deutsche Schule.

Die Stärke des deutschen Verfassungsrechts wird dabei gerade im Vergleich zum amerikanischen Recht in einer höheren begrifflichen Durchdringung und einer damit zusammenhängenden geringeren Politisierung gesehen: Die systematische Arbeit am Rechtsbegriff soll politisch geprägte Deutungen neutralisieren. Zugleich kennt das deutsche Verfassungsrecht viele institutionelle Innovationen, die für andere Verfassungsordnungen von Interesse sein können. Dies gilt insbesondere für ein objektives Grundrechtsverständnis, das auch das Zivilrecht mit umgreift, für die deutsche Form der Verhältnismäßigkeitsprüfung, für die korporativen Elemente des Grundrechtsschutzes, für das Mehrheits- und Verhältniswahl kombinierende Wahlrecht oder das sehr spezifische Religionsverfassungsrecht. Es sind gerade die in Reaktion auf unsere antiparlamentarische und totalitäre Vergangenheit entstandenen Institutionen, die besondere Neugier zu erregen scheinen.

V. Herausforderungen

1. Öffentliche Sicherheit und politischer Extremismus

Das Grundgesetz war von Beginn an auf die Auseinandersetzung mit politischem Extremismus vorbereitet: Dies sollte eine der vielen Lehren aus der Weimarer Erfahrung sein – wenn auch wieder einmal eine solche, die die Rechtslage in Weimar unterschätzte. Mit der ausdrücklich vorgesehenen Möglichkeit, politische Parteien auf Antrag eines Verfassungsorgans durch das Bundesverfassungsgericht verbieten zu lassen, stellte das Grundgesetz sich darauf ein, den politischen Prozess aufzuhalten, wenn dieser die Ordnung selbst abschaffen wollte. Zusammen mit den im Grundgesetz vorgesehenen materiellen Grenzen der Verfassungsänderung (S. 58) sollte das Verfassungsrecht der Politik eine absolute Grenze ziehen – letztlich um einen in seiner Legalität ungewissen Vorgang wie die Machtergreifung des Jahres 1933 zu verhindern. Das Bundesverfassungsgericht verbot in den fünfziger Jahren zwei Parteien, die nationalsozialistische SRP und die KPD, danach jedoch keine Partei mehr. Ein Verbotsverfahren gegen die NPD scheiterte im Jahre 2003 an einer ungewissen Faktenlage, die nicht zuletzt der Unterwanderung der Partei durch die Nachrichtendienste der Länder geschuldet war.

An diesem Punkt mag man sich fragen, ob die Konzeption des Grundgesetzes, parteipolitischen Extremismus mit den Mitteln des Rechts zu bekämpfen, überzeugend ist. Immerhin bleibt offen, was mit den Anhängern einer verbotenen Partei geschieht – und ob eine politische Auseinandersetzung sich durch ein Verbotsverfahren tatsächlich einfach erledigen würde. Anders formuliert: Je kleiner und unbedeutender eine extremistische Partei ist, desto unangemessener erscheint ein Verbotsverfahren. Je größer und erfolgreicher sie aber wird, desto dringlicher stellt sich die Frage, ob ein Verbot das Problem einer politischen Mobilisierung vieler Menschen durch extremistische Ideen nicht einfach nur verdrängt. Ähnlich wie bei der Untersagung extremistischer Demonstrationen an sensiblen öffentlichen Orten wird politischer Extremismus durch Recht zwar für die Öffentlichkeit unsichtbar gemacht, aber sicherlich nicht erledigt.

Politischer Extremismus spielt sich nicht nur in extremistischen Parteien ab. Seit dem Terror der 1970er Jahre kennen wir – wie andere europäische Länder – andere Formen. Für die Kontinentaleuropäer und ihre Rechtsordnungen war der 11. September 2001 keine so unerhörte Erfahrung wie für die Amerikaner. Die Erfahrungen mit der RAF zeigen zudem, dass ein demokratischer Rechtsstaat gewaltsamen Terrorismus bekämpfen kann, ohne seinen freiheitlichen Anspruch aufzugeben. Man wird nicht vergessen, dass in dieser Zeit manche bleibenden Freiheitseinschränkungen eingeführt wurden: die Regelungen zur Kontaktsperre zwischen Häftlingen und ihren Strafverteidigern und der Ausbau des Strafrechts. Doch von einem Abgleiten in den Polizeistaat kann kaum die Rede sein.

Ist es heute anders? Immerhin erscheint die Lage heute schwerer überschaubar. Nach dem 11. September 2001 wurden die Befugnisse der Polizei und der Nachrichtendienste deutlich erweitert. Zudem erlebt das Polizeirecht eine schleichende Zentralisierung, die vom Grundgesetz eigentlich nicht gewollt war. Aus dem Bundesgrenzschutz wurde eine Bundespolizei, das Bundeskriminalamt wandelt sich von einer Informationssammelstelle langsam zu einer operativen Behörde. Auf Dauer werden beide institutionell stärker miteinander verbunden werden. Die Kontrolle der Geheimdienste durch den Deutschen Bundestag ist nach kaum widersprochener Ansicht sehr uneffektiv. Die Zahl der abgehörten Telefonate ist im internationalen Vergleich erstaunlich hoch. Die richterliche Anordnung von Ermittlungsmaßnahmen auf Antrag der Staatsanwaltschaften oder der Polizei wird anscheinend häufig zu schnell erteilt.

Das Bundesverfassungsgericht spielt in den letzten Jahren in dieser Entwicklung eine sehr aktive Rolle. Erstaunlich hoch ist die Zahl der Entscheidungen, in denen sicherheitsrelevante staatliche Maßnahmen aufgehoben wurden. Dies spricht für das Funktionieren der grundgesetzlichen Institutionen. Aber klar ist auch, dass nicht alle genannten Probleme durch verfassungsgerichtliche Entscheidungen gelöst werden können. Die Verbesserung parlamentarischer und gerichtlicher Kontrollen bedarf eines politischen Willens, den das Verfassungsrecht nicht zu ersetzen vermag. Sieht man sich die Gesetzgebungsverfahren auf dem Gebiet des Sicherheitsrechts in den letzten Jahren an, so scheinen sie sich an den Entscheidungen des Bundesverfassungsgerichts entlang zu hangeln. Die vom Gericht definierten Grenzen des gerade noch verfassungsrechtlich Zulässigen werden zum politischen Maßstab. Den Sicherheitsbehörden im Sinne eines politisch gewollten Freiheitsschutzes weniger Kompetenzen zu geben als verfassungsrechtlich zulässig, erscheint politisch ebenso wenig opportun wie polizeiliche Befugnisse auch einmal wieder zurückzunehmen, wenn sie sich nicht bewährt haben. Schon die empirische Frage, ob sie sich bewährt haben, ist allerdings regelmäßig mangels ausreichender Daten nicht zu beantworten.

Das Grundgesetz kennt den in diesem Zusammenhang gerne beschworenen Widerspruch zwischen Freiheit und Sicherheit nicht. Sicherheit dient der Freiheit, sie ist kein Selbstzweck und in anderen Zusammenhängen ist es selbstverständlich, sich um der Freiheit willen Unsicherheit zuzumuten – etwa auf dem Arbeitsmarkt. Vor allem ist die verbreitete Annahme zweifelhaft, derzufolge bessere Mechanismen zur Kontrolle der Sicherheitsbehörden diese weniger effektiv machen würden. Fehlende Kontrolle staatlichen Handelns ist im Grundgesetz ohnehin keine Option. Aber ein Bewusstsein dafür, dass rechtsstaatliche Beschränkungen staatliches Handeln auch effektiver machen könnten, fehlt im politischen Raum weitgehend.

Diese kritischen Bemerkungen, die auch die Grenzen dessen anzeigen, was das Verfassungsrecht vermag, bedürfen jedoch ihrerseits zweier Relativierungen: Denn im Vergleich mit vielen anderen demokratischen Staaten erscheinen die Eingriffe in die Grundrechte noch gemäßigt. Dies mag damit zusammenhängen, dass sich Deutschland politisch beim Kampf gegen den Terror relativ stark zurückhält: Beamte des Bundesnachrichtendienstes stehen eben nur daneben und schreiben mit, wenn im Mittleren Osten gefoltert wird. Doch hat der relativ gute Zustand der Grundrechte auch etwas mit der Weite des grundgesetzlich garantierten Rechtsschutzes zu tun, der es anders als in anderen demokratischen Staaten nicht gestattet, im Angesicht einer Bedrohung von den Grundrechten einfach gesetzliche Ausnahmen zu statuieren.

Eine zweite Relativierung der Kritik folgt daraus, dass zwei ganz unterschiedliche Entwicklungen, Terrorismusbekämpfung und Wandel des Kommunikationsverhaltens, augenblicklich faktisch zusammenfallen. Völlig unabhängig von den Bedürfnissen der Terrorbekämpfung bewegt sich kriminelle Kommunikation wie jede andere Kommunikation mehr und mehr in elektronischen Medien. Dass die Rechtsordnung dieser Entwicklung nachfolgt, indem sie es nicht nur ermöglicht, Wohnungen zu durchsuchen und Telefongespräche abzuhören, sondern auch E-Mails zu überwachen und Festplatten zu durchsuchen, erscheint da nur folgerichtig. Solange sich auch auf diese Formen der Kommunikation Grundrechte anwenden lassen – und das ist der Fall –, wirken diese Erweiterungen polizeilicher Befugnisse mehr wie eine normale Anpassung des Rechts an den gesellschaftlichen Wandel denn als eine systematische Aushöhlung grundrechtlicher Freiheiten.

2. Religion

Die Rolle der Religion gehörte, wie wir sahen (S. 27 f.), zu den umstrittensten Fragen bei der Entstehung des Grundgesetzes. Die zentralen Probleme wurden denn im Grundgesetz auch gar nicht neu geregelt, vielmehr übernahm die neue Verfassung die alten Regelungen der Weimarer Reichsverfassung in seinen Schlussteil. Diese waren in der Weimarer Nationalversammlung als ihrerseits hart diskutierter Kompromiss zwischen den Anforderungen der neuen säkularen Republik und der hoheitlichen Rolle, die die christlichen Kirchen in manchen deutschen Territorien einnahmen, beschlossen worden. Sie gewährten bestimmten religiösen Gemeinschaften einen herausgehobenen öffentlichen Status. Heute besteht das Religionsrecht des Grundgesetzes aus diesen, ursprünglich auf die christlichen Kirchen zugeschnittenen Regeln einerseits und der individuellen Religionsfreiheit des Grundrechtsteils andererseits.

Wie viel Uneinigkeit auch in der Verfassunggebung herrschte, in einer Frage ist das Grundgesetz eindeutig: Es weist Religionen ausdrücklich eine Rolle im öffentlichen Raum zu. Religionsfreiheit ist im deutschen Verfassungsrecht nicht nur eine Privatangelegenheit. Diese öffentliche Rolle zeigt sich am deutlichsten in der staatlichen Schule, in welcher der von den Religionsgemeinschaften selbst zu organisierende Religionsunterricht als ein ordentliches Lehrfach zu unterrichten ist. Darüber hinaus macht das Verfassungsrecht den Religionsgemeinschaften weitere Angebote: Sie können den Status einer Körperschaft des öffentlichen Rechts annehmen, in Kooperation mit dem Staat Kirchensteuern für ihre Mitglieder erheben, die Seelsorge für ihre Gläubigen innerhalb der Bundeswehr organisieren oder Professuren für ihre Religion an staatlichen Universitäten einrichten. Auch die Präsenz religiöser Symbole in öffentlichen Räumen wie Schulen oder Gerichtssälen ist vom Grundgesetz nicht grundsätzlich ausgeschlossen, sondern stößt erst an Grenzen, wenn Einzelne plausibel machen können, dadurch in ihrer Religionsfreiheit verletzt zu werden. Eine strikte Trennung von Religion und Staat kennt das Grundgesetz nicht, stattdessen bietet es ein im Prinzip allen Religionen offenstehendes Repertoire an Kooperationsformen. Dieser kooperative Zugang war in seinem Ursprung der traditionell sehr großen Staatsnähe des deutschen Protestantismus geschuldet. Aber heute kann man ihm eine andere Rechtfertigung geben. Es geht nicht um die Verstaatlichung von Religion, auch wenn die Gefahr der Selbstverstaatlichung gerade bei den christlichen Kirchen manchmal zu bestehen scheint, sondern darum, dem Anspruch von Religion auf Weltdeutung ein Forum zu geben und Religion damit auch den Standards öffentlicher – im Fall der Theologie: wissenschaftlicher – Diskussion auszusetzen, von der Religion profitieren kann, wenn sie es denn will.

Hier beginnen freilich die Probleme. Denn auch wenn die genannten Angebote allen offenstehen, bevorzugen sie faktisch Religionsgemeinschaften mit einer stabil definierten Organisation, die überhaupt erst in der Lage sind, mit dem Staat strukturierte Beziehungen einzugehen – im Ergebnis also weiterhin die christlichen Kirchen. Und nicht immer ist es leicht, faktische Benachteiligungen von bewussten Diskriminierungen zu unterscheiden. Wenn es nur praktisch sehr schwer möglich ist, islamischen Religionsunterricht an staatlichen Schulen anzubieten, weil die Organisation der Lehrerausbildung nicht zuletzt wegen der Uneinigkeit der Muslime in Deutschland stockt – so handelt es sich um eine faktische Benachteiligung, keine Diskriminierung. Der Staat kann hier unterstützen, aber letztlich kann er die Selbstorganisation der Religion nicht ersetzen. Wenn aber die grundgesetzliche Ordnung kurzerhand mit dem «christlichen Erbe» gleichgesetzt wird, um den Zeugen Jehovas den Zugang zum Körperschaftsstatus zu verweigern oder um Lehrerinnen in Nonnentracht in öffentlichen Schulen zuzulassen und solche mit Kopftuch aus ihnen fernzuhalten, dann wird die Schwelle zur Diskriminierung überschritten. Man mag sich deswegen fragen, ob das durchaus altmodisch anmutende deutsche Recht mit all seinen traditionellen Kooperationsformen einer Welt angemessen ist, in der die religiöse Welt sowohl pluraler als auch extremer wird. Sollte man nicht auf all diese Institutionen verzichten und sich auf die Garantie der Religionsfreiheit beschränken? Vielleicht gilt aber auch das Gegenteil: Ein breites Angebot an Kooperationsformen eröffnet allen Religionen die Möglichkeit, sich am öffentlichen Leben zu beteiligen – und sich dadurch ihrerseits weiterzuentwickeln.

3. Demokratische Öffentlichkeit

«Alle Staatsgewalt geht vom Volke aus.» Aber wie kommuniziert ein Volk miteinander, um zu erfahren, was es will? Das Grundgesetz hat den politischen Parteien, wie wir gesehen haben (S. 53 f.), eine hervorgehobene Rolle bei der demokratischen Willensbildung zugebilligt. Aber auf die Arbeit von Parteien kann sich eine Demokratie nicht beschränken. Sie bedarf einer allgemeineren Form der öffentlichen Meinungsbildung. In einer freiheitlichen Ordnung soll sich eine solche öffentliche Meinung von selbst und von unten bilden. Wenn alle sagen dürfen, was sie meinen, schafft dies demokratische Öffentlichkeit. Mit der Entstehung von Massenmedien verlor diese liberale Vorstellung aber schon vor dem Ersten Weltkrieg viel von ihrer Selbstverständlichkeit. Private Zeitungsmagnaten damals und große Medienunternehmen heute scheinen die Meinungsfreiheit durch ihre Verbreitungsmacht ebenso in Frage stellen zu können wie der Staat. Die Schöpfer des Grundgesetzes legten deswegen – nach dem Vorbild der britischen BBC – Wert darauf, einen Rundfunk zu schaffen, der gleichermaßen von politischem Einfluss wie von den Ungleichheiten des Markts unabhängig sein sollte. So entstand die eigenartige Konstruktion unseres öffentlich-rechtlichen Rundfunks, eines vom Staat gegründeten und durch Zwangsabgaben finanzierten Gebildes, das sich gegenüber dem Staat auf Grundrechte wie die Rundfunkfreiheit berufen kann. Das Bundesverfassungsgericht hat die von uns allen zu tragende finanzielle Unabhängigkeit des öffentlich-rechtlichen Rundfunks erst im Jahre 2007 noch einmal sehr grundsätzlich bestätigt.

Doch hängt viel von der verfassungstheoretischen Überzeugungskraft dieser Konstruktion an Faktoren, die heute nicht mehr in gleicher Weise gelten wie in den fünfziger Jahren. Ohne private Konkurrenz und ohne Internet waren die öffentlich-rechtlichen Sendungen, namentlich die Fernsehnachrichten am Abend, der wesentliche Sammelpunkt der öffentlichen Meinungsbildung. Heute gibt es viele Alternativen, um sich zu informieren. Zudem hat sich das öffentlich-rechtliche Fernsehen den Marktverhältnissen auch inhaltlich angepasst. Es ist unterhaltungszentriert geworden. Das Internet hat die Diskussionsforen fragmentiert – und es entzieht sich der Unterscheidung zwischen öffentlich regulierter Rundfunkfreiheit und Pressefreiheit. Schließlich empfinden große Medienunternehmen den öffentlichen Rundfunk als Wettbewerbsbeschränkung. Das Europarecht bedroht die Position der öffentlichen Rundfunkanstalten, bedroht es damit auch die Unabhängigkeit der demokratischen Öffentlichkeit vor den Einflüssen des Medienmarktes?

Mit der Fragmentierung der demokratischen Öffentlichkeit werden wir uns auf Dauer abfinden müssen – und dies ist nicht notwendig eine schlechte Sache. Die Wirkung des Internets auf die demokratische Diskussionskultur ist sehr umstritten, aber wenn sich die Ordnung des Grundgesetzes auch weniger auf die zentrierenden Effekte öffentlicher Sender verlassen kann als früher, so wird es bei einem Nebeneinander privater und öffentlicher Kommunikationsrechte bleiben. Vielleicht wird der öffentlich-rechtliche Rundfunk an Bedeutung verlieren, als ein vom Markt unabhängiges Meinungsforum ist er nicht zu ersetzen. Dem Religionsrecht nicht ganz unähnlich wählt das Grundgesetz auch hier keine glatten Lösungen, sondern ein Nebeneinander unterschiedlicher Rechtsregime, die sich ergänzen sollen.

Jenseits der Massenmedien ist in der parlamentarischen Demokratie das Parlament der Kristallisationspunkt öffentlicher Meinungsbildung. Die verbreitete Klage über das verlorene öffentliche Interesse an parlamentarischen Debatten sollte man jedoch nicht zu ernst nehmen. Das Parlament als Hort intelligenter Verhandlung zu stilisieren, war immer schon ein Mittel von Parlamentsgegnern, allgemeine Enttäuschung zu produzieren. Der Bundestag ist nicht der Hort rationaler Diskussion, sondern ein Ort politischer Auseinandersetzung. Wie viel öffentliche Aufmerksamkeit seine Beratungen bekommen, kann das Verfassungsrecht nicht bestimmen. Es sollte allerdings sichergestellt sein, dass zumindest für den Bundestag und damit auch für die Öffentlichkeit die Möglichkeit besteht, über das Handeln der Bundesregierung informiert zu werden. Klagen über die mangelnde Auskunftsbereitschaft der Länderregierungen wie der Bundesregierung nehmen zu. Hier hilft das Verfassungsrecht weiter, wenn es den Parlamenten und damit mittelbar auch der demokratischen Öffentlichkeit gerichtlich durchsetzbare Auskunftsansprüche garantiert. Freilich bedarf demokratische Öffentlichkeit auch der Möglichkeit der Individuen, sich über das Handeln des Staates zu informieren. Gerade der Bund geizt in Deutschland aber weiterhin mit der Gewährung von Informationsansprüchen.

4. Wirtschaftsverfassung – Soziale Gerechtigkeit – Privatisierung

Die Frage, welche wirtschaftliche Ordnung das Grundgesetz vorschreibt, gehörte zu den meist diskutierten verfassungstheoretischen Problemen der fünfziger und sechziger Jahre. Wie stets bei so großen Fragen gab es letztlich keine eindeutige Antwort. Unzweifelhaft war, dass die Grundrechte das private Eigentum ebenso schützen wie die freie Berufsausübung. Aber auch diese Grundrechte können beschränkt werden und solche Beschränkungen sind schon wegen des gleichfalls im Grundgesetz festgeschriebenen Sozialstaatsprinzips in vielen Fällen verfassungsrechtlich zu rechtfertigen. Vergleicht man das Grundgesetz mit anderen westlichen Verfassungen, so erscheint der Schutz privaten Wirtschaftens bei uns verfassungsrechtlich relativ weit ausgebaut. Nicht viele Verfassungen schützen wie Art. 12 GG mit der Freiheit des Berufs so gut wie jede wirtschaftliche Betätigung. In den wirtschaftsliberalen Vereinigten Staaten fallen die allermeisten Wirtschaftsregulierungen nicht in den Schutzbereich eines Grundrechtes. Auch die Bedingungen, unter denen der Staat privates Eigentum enteignen kann, sind im Grundgesetz relativ streng definiert. Dass die deutsche Rechtsordnung trotzdem nicht als besonders privatwirtschaftsfreundlich gilt, liegt aber eben auch daran, dass Grundrechte zwar staatliche Eingriffe unter bestimmte Bedingungen stellen und begrenzen können, aber nicht wirklich dazu in der Lage sind, eine bestimmte demokratisch gewollte Wirtschaftspolitik wirklich aufzuhalten. Dies gilt umgekehrt auch mit Blick auf das Sozialstaatsprinzip, das Einzelnen allenfalls einen absoluten Minimalstandard garantiert, der wohl noch unter dem Sozialhilfesatz liegen dürfte. So gesehen hat das Grundgesetz zu einer effektiven oder zu einer gerechten Wirtschaftsordnung vergleichsweise wenig beizutragen: Lösungen müssen politisch gefunden werden, sie lassen sich nicht aus dem Grundgesetz herleiten.

Das Bundesverfassungsgericht wird im Einzelfall Belastungsgrenzen ziehen, Ungleichbehandlungen aufheben und auf die Behandlung von Familien achten. Positive wirtschaftspolitische Vorgaben folgen daraus kaum. Während das Europarecht und das Wirtschaftsvölkerrecht relativ eindeutig in Richtung einer Liberalisierung der Wirtschaft drängen, hat das Grundgesetz keine solche, aber eben auch keine in die andere Richtung zeigende Tendenz.

In der wirtschaftspolitischen Diskussion wird staatliche Rechtsetzung oftmals mit Überregulierung und Bürokratie gleichgesetzt, und wenn diese Bewertung stimmen würde, stellte sich die Frage, ob dies etwas mit dem Grundgesetz zu tun hat. Erstaunlich selten wird jedoch gesehen, dass umständliche Regeln gerade dem Schutz privater Rechte dienen. So mag man darüber klagen, wie lange es in Deutschland dauert, eine Autobahn zu planen und zu genehmigen. Ein wichtiger Grund dafür liegt im grundgesetzlich garantierten Schutz der Privateigentümer, durch deren Grundstücke die Autobahn geführt werden soll. Schnell und unbürokratisch können solche Projekte nur in autoritären Ordnungen durchgeführt werden. Wenn man es denn ökonomisch formulieren möchte, sollte das «Produkt» der rechtsstaatlichen Umständlichkeit eine Verfahrensgerechtigkeit sein, die es bei privaten Anbietern eben nicht gibt. Es ist nicht zuletzt die Anerkennung der Rechte aller Betroffenen, die Bürokratie erzeugt.

Ein aktuelles Beispiel für die Bedeutung des Grundgesetzes liefert schließlich die Privatisierung von Staatsunternehmen. Wird der Markt für Post, Bahntransport oder Telekommunikation geöffnet, so muss der Staat zum einen zusehen, dass der alte staatliche Monopolist die neuen Wettbewerber nicht mit unlauteren Mitteln aus dem Rennen hält, und er muss zum anderen garantieren, dass ein gewisser Minimalstandard an Leistungen, ein Briefkasten in der Nähe und ein Telefonanschluss zu Hause, für alle zur Verfügung gestellt wird. Auch wenn die Liberalisierung dieser Märkte viele Vorteile haben kann, erfordern beide Anliegen eine Fülle neuer Regeln. Dieser Regelbedarf beginnt im Text des Grundgesetzes – man lese Art. 87e und 87f

GG –, der durch die Privatisierung sehr viel ausführlicher geworden ist, und er setzt sich in den Gesetzen fort. Wenn es gut geht, entsteht hier durch mehr Regeln mehr Freiheit, so scheint es im Telekommunikationsbereich zu sein. Wenn es schlecht läuft, bleibt ein privatisiertes Unternehmen in den Händen des Staates und von staatlichen Zuwendungen abhängig zurück, ohne dass Wettbewerb entsteht und ohne dass der Staat noch wirklich kontrollieren könnte, was geschieht. So sieht es im Moment im Bereich der Bahn aus. Die Regeln des Grundgesetzes gehen an entscheidenden Stellen von der Unterscheidbarkeit zwischen öffentlichem und privatem Handeln aus: Nur so lässt sich entscheiden, wo der Schutz der Grundrechte von der Verpflichtung des Staates zu demokratischem und rechtsstaatlichem Handeln abzugrenzen ist. Zu enge Formen der Kooperation zwischen Staat und Wirtschaft unterlaufen diese Grenzziehung: Wenn der Wirtschaftsbetrieb in einer Strafanstalt privatisiert wird, hat dann der Unternehmer eine freie Entscheidung darüber, welche Insassen beschäftigt werden? Wohl nicht. Der Staat kann sich aus seiner Pflicht, die Insassen zu beschäftigen, nicht hinausprivatisieren. Aber nicht alle Fälle sind so eindeutig. Die Vermischung staatlichen und privaten Handelns wirft eine Vielzahl verfassungsrechtlicher Probleme auf, auf die das Grundgesetz nicht eingerichtet ist.

Bleibt der Einfluss des Grundgesetzes auf die Wirtschaftspolitik aber generell gering, so verliert die nationale Wirtschaftspolitik zudem durch die Internationalisierung an Zugriffsmöglichkeiten.

5. Europa und die internationale Ordnung

Die Väter und Mütter des Grundgesetzes wünschten sich Deutschland als einen intensiv in die internationale Ordnung eingebundenen Staat. Eine genaue Vorstellung von den Bedingungen der Internationalisierung, gerade auch von den Problemen für die demokratische Ordnung konnten sie allerdings noch nicht haben. Heute ist die Ordnung des Grundgesetzes in sehr viele internationale Zusammenhänge eingebunden – in manche direkt, in sehr viele vermittelt durch die Europäische Union.

Bei aller Kritik an der Globalisierung und bei aller im Moment verloren gegangenen Freude an der europäischen Integration ist zunächst einmal festzuhalten: Für die Ordnung des Grundgesetzes, die sowohl individuelle Rechte als auch die internationale Öffnung des Grundgesetzes betont, handelt es sich um grundsätzlich erwünschte Phänomene. Das institutionelle Grundproblem der Internationalisierung des Rechts scheint nun darin zu liegen, dass die Individuen und Unternehmen, die international handeln und wandeln, schneller sind als die politischen Prozesse, die dieses Handeln und Wandeln regulieren und beispielsweise sozialverträglich und umweltschonend ausgestalten sollen. Nationale demokratische Politik kann der Internationalisierung nur mit Mühe folgen. Internationale Politik leidet immer an Legitimationsdefiziten: Sie wird von Regierungen betrieben, nicht von Parlamenten. Sie spielt sich zu wesentlichen Teilen unter Ausschluss der Öffentlichkeit ab – und sie hat viele wichtige beteiligte Staaten, die keine Demokratien sind. Es ist vergleichsweise einfach, internationale Gerichte einzusetzen und individuelle Rechte zu garantieren – aber es ist sehr schwierig, demokratische Willensbildung außerhalb des Staates zu etablieren. Aus diesem Grund fällt es der internationalen Ordnung viel einfacher, Regulierungen abzubauen, also zu liberalisieren, als neue Regulierungen zu schaffen. Politisch hat die Internationalisierung eine eindeutige Tendenz.

Was aber geschieht mit den Grundrechten des Grundgesetzes im Prozess der Rechtsinternationalisierung? Der Befund ist ambivalent. Einerseits errichtet die internationale Ordnung eigene grundrechtsschützende Institutionen. Für Deutschland ist der Europäische Menschenrechtsgerichtshof (EGMR) in Straßburg die wichtigste Institution. Seine Rechtsprechung hat einen großen Einfluss auch auf die deutsche Rechtsordnung. Allerdings steht er in einem gewissen Konkurrenzverhältnis zum Bundesverfassungsgericht. In manchen Fällen, etwa bei der regelmäßig immensen Verfahrensdauer, erinnert der EGMR das

Bundesverfassungsgericht an die Einhaltung von Verfahrensstandards. In anderen Fällen erscheinen die vom EGMR gegebenen Begründungen wenig überzeugend. Zudem erreicht der EGMR, der nunmehr für 47 Staaten in Europa zuständig ist, nicht zuletzt für so gewaltige politische Gebilde wie Russland und die Türkei, langsam die Grenzen seiner Belastbarkeit.

Handelt es sich beim EGMR trotz mancher Mängel um eine funktionierende Form des internationalen Grundrechtsschutzes, so entstehen Probleme dann, wenn internationale Organisationen in die Grundrechte eingreifen, ohne Rechtsschutz zu gewähren. Das Grundgesetz regelt allein die Ausübung deutscher Staatsgewalt. In der Regel sind die Grundrechte des Grundgesetzes deswegen nicht auf internationales Handeln anwendbar. Um ein aktuelles Beispiel zu nennen: Würde ein deutscher Staatsbürger, der in Deutschland lebt, auf eine Sanktionsliste des Sicherheitsrates der Vereinten Nationen kommen, so wäre die Bundesrepublik Deutschland dazu verpflichtet, seine Geldquellen einzufrieren, ohne dass es ein Gericht gäbe, bei dem er gegen seine Auflistung klagen könnte. Doch könnte sich das Bundesverfassungsgericht entschließen, in einem solchen Fall einzuspringen und die Bundesrepublik dazu zu verpflichten, die Maßnahme nicht oder nur unter bestimmten Bedingungen umzusetzen. Damit würde ein Konflikt zwischen dem Grundgesetz einerseits und den völkerrechtlichen Verpflichtungen andererseits entstehen. Solche Konflikte werden sich aber auf Dauer nicht verhindern lassen. Im Jahr 2008 hat der Europäische Gerichtshof die Umsetzung einer solchen Maßnahme der Vereinten Nationen für den Bereich der Europäischen Union aufgehoben – und auch das Bundesverfassungsgericht behält sich vor, Handlungen der Europäischen Union zu überprüfen, wenn diese keinen ausreichenden Grundrechtsschutz zur Verfügung stellt. Die Grundrechte des Grundgesetzes erhalten damit eine andere Aufgabe. Sie sind in vielen Fällen nicht mehr die unmittelbar einschlägigen Regeln zur Begrenzung von Hoheitsgewalt, sondern nehmen eine Reservefunktion für den nicht unwahrscheinlichen Fall ein, dass die grundrechtliche Kontrolle in bestimmten internationalen Arrangements versagt.

Viel schwieriger als die Garantie eines gewissen Minimalschutzes ist die Sicherung demokratischer Legitimation internationaler Beziehungen. Schon die ganz normale Außenpolitik ist, wie gesagt, demokratisch schwieriger zu kontrollieren als innenpolitische Entscheidungen: Außenpolitik geschieht zumeist ohne gesetzliche Grundlage und außenpolitische Verpflichtungen entstehen in der Regel in nichtöffentlichen Verhandlungen, deren Ergebnissen der Bundestag nur noch zustimmen kann. Regierungen nutzen diese Konstellation nicht selten, um Entscheidungen, für die sie eigentlich keine politischen Mehrheiten hätten, unter Hinweis auf außenpolitischen Druck intern durchzusetzen. Für diese viel diskutierten Probleme gibt es keine einfachen Lösungen. Sie verstoßen im Regelfall auch nicht gegen das Grundgesetz, sondern laufen an diesem vorbei. Immerhin lassen sich einige Mechanismen denken, mit deren Hilfe der Bundestag die Außenpolitik besser beobachten und kontrollieren könnte. Zum Ersten müsste das Bundesverfassungsgericht seine sehr restriktive Rechtsprechung zur parlamentarischen Kontrolle der Außenpolitik lockern. Massive Veränderungen des Völkerrechts wie die Anpassung der NATO-Doktrin, wegen der die NATO nun auch außerhalb des Bündnisgebietes wie in Afghanistan operiert, bedürften der Zustimmung des Bundestages. Immerhin hat das Gericht bei der Frage von Auslandseinsätzen der Bundeswehr ein Entscheidungsrecht des Deutschen Bundestages entwickelt. Der Ausbau parlamentarischer Beteiligung setzt allerdings zum Zweiten auch die Bereitschaft des Bundestages voraus, sich institutionell weiterzuentwickeln und die Internationalisierung des Rechts systematischer zu beobachten, als dies bisher geschieht.

Die Europäische Union kann man als einen besonders problematischen Fall der Internationalisierung des Rechts verstehen, in dem sich alle Legitimationsprobleme vervielfachen – man mag sie aber auch als den global fortgeschrittensten Versuch deuten, diese Probleme zu lösen. Die Europäische Union hat ein umfassendes System des Rechtsschutzes entwickelt, das nationale und europäische Gerichte miteinander verkoppelt und es jedermann ermöglicht, seine aus dem Europarecht stammenden Ansprüche durchzusetzen. Freilich haben wir gesehen, dass sich die Europäische Union von einer freiheitsverteilenden Institution zu einer Organisation gewandelt hat, die auch Freiheitsrechte beschränkt, beispielsweise auf dem Gebiet der Terrorismusbekämpfung. Die politischen Prozesse sind auf der europäischen Ebene nicht gleich weit fortgeschritten wie die rechtsschützenden Institutionen. Die Entscheidungsverfahren zwischen den Regierungen sind oftmals schwer zu verstehen, das öffentliche Interesse am zwischenzeitlich sehr wichtig gewordenen Europäischen Parlament ist immer noch sehr bescheiden, die Wahlbeteiligung bei den Europawahlen quälend gering.

Die Bedeutung des Grundgesetzes wird sich in Zukunft auch an der Einordnung der europäischen Verträge messen lassen. Der Versuch, diese als europäischen *Verfassungs*vertrag zu bezeichnen, ist vorerst an der Ablehnung verschiedener Mitgliedstaaten in demokratischen Referenden gescheitert. Hierin zeigt sich eine Haltung, die wohl nicht grundsätzlich skeptisch gegenüber dem Fortgang der europäischen Integration ist, die aber die politisch-symbolische Aufwertung der EU und ihre Gleichsetzung mit den Mitgliedstaaten durch den Verfassungsbegriff ablehnt. Mit dem Begriff der Verfassung verbinden demokratische Mehrheiten, anders als die europäischen Eliten und die Europarechtswissenschaft, eben die Verfassungen der Mitgliedstaaten, nicht die europäischen Verträge. Hieraus lässt sich jedoch kein Argument gegen den Fortgang der europäischen Integration ableiten, schon gar nicht nach einem Blick in das Grundgesetz. Wenn der im Jahre 1992 für den Vertrag von Maastricht eingeführte Art. 23 GG die Bundesrepublik dazu verpflichtet, an einer demokratischen und rechtsstaatlichen europäischen Integration mitzuwirken, so dürfte dieses Ziel nur durch ein Mehr an europäischer Integration zu erreichen sein. Denn mehr eigene Legitimation kann die EU nur erhalten, wenn sie sich institutionell gegenüber den Mitgliedstaaten weiter verselbstständigt.

Schluss: das Grundgesetz als Politikersatz?

Als das Grundgesetz vor über 60 Jahren vom Parlamentarischen Rat diskutiert und anschließend verabschiedet wurde, galt dies kaum einem Zeitgenossen als ein sonderlich freudiges Ereignis. Die Errichtung einer westdeutschen Nachkriegsordnung war die Erfüllung einer politischen und moralischen Pflicht, die niemandes Herz erwärmen konnte. Das Inkrafttreten des Grundgesetzes beendete alle Hoffnungen auf eine schnelle Vereinigung von Ost- und Westdeutschland. Die mit dem Grundgesetz entstandene demokratisch-rechtsstaatliche Ordnung war ohne politische Alternative. Damit fehlte der Verfassunggebung das Pathos einer Neugründung, die aus einer gewonnenen politischen Auseinandersetzung hervorgeht. Ganz im Gegenteil ist in den Beratungen des Parlamentarischen Rates das bedrückende politische Schuldbewusstsein noch spürbar, das sich in der frühen Bundesrepublik schnell verflüchtigen wird. Überhaupt hatte man wichtigere Sorgen als technische Fragen der Verfassunggebung. Das Grundgesetz war eine unscheinbare Notgeburt, kein stolzer Stammhalter der deutschen Geschichte.

Nach 60 Jahren ist das Grundgesetz ein symbolisches Leichtgewicht geblieben. Daran hat eine nicht abreißende Kette von Jahrestagen, Festschriften und Lobreden nichts geändert. Sicherlich wird das Grundgesetz in der offiziellen Erinnerungskultur in Deutschland vergleichsweise häufig angerufen. Wer immer mit dem Grundgesetz professionellen Umgang pflegt, als Politiker, Ministerialbeamter, Richter, Anwalt oder Hochschullehrer des Rechts oder der politischen Theorie, dürfte das Grundgesetz als eine bemerkenswert gelungene Verfassung schätzen, die, obwohl sie dem recht klar bestimmbaren Typ westlicher Verfassungen zugehört, nicht nur einen eigenen Stil, sondern auch eine Fülle rechtstechnischer Eigenheiten hat, die ihm so etwas wie eine unverkennbare Individualität in der Familie demokratischer Rechtsstaaten verleihen. Wer immer im Ausland mit interessierten Personen spricht, wird gleichfalls regelmäßig nur Gutes über das Grundgesetz hören, nicht selten klar über die Grenzen des Höflichen hinaus. Damit allerdings dürfte der Kreis der Liebhaber unserer Verfassung auch schon enden. Schon bei nichtjuristischen Funktionseliten wird die Frage nach dem Grundgesetz eher auf Verwunderung stoßen und wirklich populär ist unsere Verfassung ohnehin nie geworden. So typisch bundesrepublikanisch – und damit ist keinesfalls gesagt: schlecht – die Idee des Verfassungspatriotismus als einer Art aufgeklärtem Nationalismusersatz auch ist, so gut sie auf die deutschen Zustände passte und auch nach der Wiedervereinigung weiterhin passt, so deutlich sollte man sich klarmachen: Es gibt in der Bundesrepublik Deutschland keinen Verfassungspatriotismus. Das allgemeine Interesse am Grundgesetz bleibt gering, sein Identifikationswert für Mehrheiten sehr beschränkt.

Diese Gleichgültigkeit ist zunächst einmal eher zu verbuchen, als zu beklagen. Demokratische Verfassungen können eine allgemeine Anhänglichkeit erzeugen, sie liefern dafür ja sehr gute Gründe, aber das Recht auf affektive Indifferenz gegenüber der eigenen politischen Ordnung ist nicht das unwichtigste Kennzeichen eines liberalen Staats: In einem solchen muss man sich an die Regeln halten, man muss aber noch nicht einmal so tun, als würde man diese Regeln auch mögen. Irritierend ist diese Gleichgültigkeit also nicht, weil verfassungspatriotisches Pathos grundsätzlich besonders wünschenswert wäre. Irritierend ist sie schon eher, weil das Grundgesetz auf der anderen Seite im politischen Leben der Bundesrepublik einen ganz ungewöhnlich präsenten Platz einnimmt. Die Berufung auf grundgesetzliche Garantien wie die Menschenwürde, die Sozialstaatlichkeit oder das Verbot des Angriffskrieges ist in der politischen Rhetorik der Bundesrepublik wohl auch im Vergleich zu anderen europäischen Staaten bemerkenswert geläufig. Auch dies ist für demokratische Ordnungen nicht notwendig verfehlt, die Verfassung soll in diesen ja gerade als ein unerfülltes Versprechen gelten, um das die politische Auseinandersetzung immer weiterzuführen ist.

Doch verwundert nicht allein eine gewisse Maßstabslosigkeit bei der Berufung auf verfassungsrechtliche Grundsätze: Bei allem Respekt vor individueller Not ist eine Kürzung von Sozialleistungen wohl doch nicht mit staatlicher Folter gleichzusetzen und konstituiert daher keinen Verstoß gegen die Menschenwürde. Warum es gegen die Religionsfreiheit verstößt, an einem Sonntag einkaufen zu dürfen, solange man stattdessen in die Kirche gehen kann, bleibt jedenfalls nicht auf den ersten Blick plausibel. Sicherlich: Alle dürfen in einer freien Ordnung alles verlangen und auch in anderen Verfassungskulturen mag man solche Übertreibungen entdecken. Darum besteht das Problem nicht allein darin, dass das Grundgesetz als ein Anspruchskatalog verstanden wird – so kann man eine Verfassung durchaus lesen –, als vielmehr darin, dass die Art der Ansprüche, die das Grundgesetz bietet, weitgehend verkannt geblieben ist und zwar sowohl nach ihrem Adressaten als auch nach dem Inhalt: *Adressat* verfassungsrechtlicher Ansprüche sind wir selbst, niemand anderes, und so dürfte die schmerzhafte Einsicht, dass wir alles, was wir vom Grundgesetz wollen, nur auf eigene Kosten bekommen können und nicht von einem weit entfernten Staat erhalten, der nichts mit uns zu tun hat, keine unwichtige Erkenntnis darstellen. *Inhalt* der grundgesetzlichen Ansprüche aber ist nicht mehr und nicht weniger als die Freiheit. Freiheit ist ein durchaus riskantes Gut, das uns mit den Folgen unserer eigenen Entscheidungen allein lässt und uns nicht die Sicherheit gibt, genau das zu bekommen, was wir wollen. Insbesondere gewährt uns die Freiheit des Grundgesetzes die Möglichkeit, an politischen Prozessen mitzuwirken, sie ersetzt diese Prozesse aber nicht. Im Normalfall erhalten wir, was wir von der demokratischen Gemeinschaft wollen, durch demokratische Entscheidungen, die das Grundgesetz ermöglicht. Nur in seltenen Ausnahmen bekommen wir es durch Grundrechte in einem Gerichtsverfahren.

Aber auch unser Verhältnis zu grundrechtlichen Garantien erscheint nicht ohne Widersprüche. Man bedenke nur den seltsamen Umstand, dass das Bundesverfassungsgericht zwar einerseits das mit Abstand beliebteste Verfassungsorgan in der Bundesrepublik bleibt, dass aber andererseits die Verachtung gegenüber Bürokratie, Regeln, Verfahrensdauer und staatlicher Umständlichkeit allgemein verbreitet ist. Hier wird eine Institution aus denjenigen politischen und juristischen Zusammenhängen gerissen, ohne die sie nicht funktionieren kann; denn es sind all diese Förmlichkeiten, in denen allein sich verfassungsrechtliche Standards verwirklichen können. Es sind die Pflichten zu Gleichbehandlung und Eigentumsschutz, die viele umständliche Verfahren erzeugen. Dass es sich dabei um Kosten der Freiheit handelt, also um gut angelegte Zeit und Geld, bleibt seltsam unterbelichtet. Die politische Diskussion um das Allgemeine Gleichbehandlungsgesetz lieferte hier ein anschauliches Beispiel: Es dürfte gute Gründe dafür geben, beispielsweise einem Vermieter die Pflicht aufzuerlegen, bei der Auswahl eines Mieters bestimmte Kriterien, etwa der Herkunft oder des Geschlechts, nicht zu verwenden. Es mag aber auch gute Gründe dafür geben, dem Vermieter die Freiheit zu lassen, sich seine Mieter einfach selbst auszusuchen. Hier geht es um schwierige Probleme des Freiheitsverständnisses, um politische Fragen. Debattiert wurde diese Regelung in der Öffentlichkeit aber fast ausschließlich unter der Perspektive der durch sie verursachten Bürokratie und der Kosten. Weil die Regelung europarechtlich vorgegeben war, spielte das Grundgesetz in diesem Fall keine besondere Rolle. Aber gerade deshalb wäre es ein Indiz einer dem Grundgesetz würdigen Verfassungskultur gewesen, diese Regelung als Problem der angemessenen Freiheitsverteilung zu diskutieren.

Wenn es eine Grundregel im Umgang mit dem Grundgesetz gibt, dann lautet sie also: Jedem steht das an Rechten zu, was auch allen anderen zusteht. Aus diesem Grund sind die meisten Versprechen des Grundgesetzes Versprechen nicht auf einen bestimmten Inhalt, sondern auf ein Verfahren. Wie wenig verbreitet diese Einsicht ist, zeigt sich schließlich auch in dem verbreiteten Bedürfnis, möglichst vieles möglichst für immer im Grundgesetz festzuschreiben, so als würde die Einfügung ins Grundgesetz einen bestimmten Zustand einfach festhalten können. Eine solche Haltung überschätzt und verkennt eine Verfassung zugleich. Sie überschätzt sie, weil keine Garantie im Grundgesetz sich einfach von selbst ohne zusätzliche politische Mühen verwirklichen lässt. Sie verkennt das Grundgesetz, weil sie nicht versteht, dass es gerade eine der wesentlichen Funktionen demokratischer Verfassungen ist, Entscheidungsprozesse nicht abzuschließen, sondern offenzuhalten. Ein Recht auf ein gutes Leben enthält das Grundgesetz aus guten Gründen nicht.

Weiterführende Literatur

Textausgabe

H. Dreier/F. Wittreck (Hrsg.), Das Grundgesetz, Textausgabe, 3. Aufl., Tübingen 2008.

Deutsche Verfassungsgeschichte

H. Boldt, Deutsche Verfassungsgeschichte. Von 1806 bis zur Gegenwart (Bd. 2), München 1990.

D. Grimm, Deutsche Verfassungsgeschichte, 1776–1866, Frankfurt am Main 1988.

M. Stolleis, Geschichte des öffentlichen Rechts in Deutschland, Bd. 2: Staatsrechtslehre und Verwaltungswissenschaft 1800 bis 1914, München 1992; Bd. 3: Staats- und Verwaltungsrechtswissenschaft in Republik und Diktatur 1914–1945, München 1999.

Weimarer Staatsrecht und der Übergang zum Nationalsozialismus

P. C. Caldwell, Popular Sovereignty and the Crisis of German Constitutional Law, Durham, London 1997.

C. Gusy, Die Weimarer Reichsverfassung, Tübingen 1997.

O. Lepsius, Die gegensatzaufhebende Begriffsbildung, München 1994.

Entstehung des Grundgesetzes

M. F. Feldkamp, Der Parlamentarische Rat, 1948–49, Göttingen 2008.

K. Niclauß, Der Weg zum Grundgesetz, Paderborn 1998.

Entwicklung in der Bundesrepublik

C. Möllers, Der vermisste Leviathan, Frankfurt 2008.

D. Simon (Hrsg.), Rechtswissenschaft in der Bonner Republik, Frankfurt am Main 1994.

R. Wahl, Herausforderungen und Antworten: das Öffentliche Recht der letzten fünf Jahrzehnte, Berlin 2006.

Kommentar

H. Dreier (Hrsg.), Grundgesetz-Kommentar, 3 Bde., 2. Aufl., Tübingen 2004–2008.

Lehrbuch

K. Hesse, Grundzüge des Verfassungsrechts der Bundesrepublik Deutschland, 20. Aufl., Heidelberg 1995.

Einzelstudien

T. Ellwein, Das Erbe der Monarchie in der deutschen Staatskrise. Ein Beitrag zur Entwicklung und Gestalt der Wissenschaft von öffentlichem Recht im 19. Jahrhundert, Tübingen 1954.

F. W. Graf, Missbrauchte Götter, München 2009.

J. Habermas, Faktizität und Geltung, Frankfurt am Main 1992.

T. Henne (Hrsg.), Das Lüth-Urteil aus (rechts-)historischer Sicht, Berlin 2005.

C. Schönberger, Gibt es im Grundgesetz ein Erbe der Monarchie? Das Amt des Bundespräsidenten zwischen Kontinuität und Diskontinuität, in: Biskup/Kohlrausch (Hrsg.), Erbe der Monarchie, Frankfurt am Main 2008, S. 283 ff.

D. Sternberger, «Verfassungspatriotismus», Schriften, Bd. X, Frankfurt am Main 1990, S. 13. ff

Aus dem Verlagsprogramm

Zeitgeschichte

Andreas Rödder
Deutschland einig Vaterland
Die Geschichte der Wiedervereinigung
2009. 490 Seiten mit 35 Abbildungen. Gebunden

Edgar Wolfrum
Die Mauer
Geschichte einer Teilung
2009. 192 Seiten mit 25 Abbildungen. Gebunden

Hans-Ulrich Wehler
Deutsche Gesellschaftsgeschichte
Band 5:
Bundesrepublik und DDR 1949–1990
2008. XVIII, 529 Seiten. Leinen

Peter Reichel
Vergangenheitsbewältigung in Deutschland
Die Auseinandersetzung mit der NS-Diktatur in Politik und Justiz
2., aktualisierte und überarbeitete Auflage. 2007
266 Seiten. Paperback

C.H.BECK WISSEN

in der Beck'schen Reihe

Zuletzt erschienen:

2214: Müller, **Andrew Lloyd Webbers Musicals**
2215: Bockmaier, **Händels Oratorien**
2216: Krellmann, **Griegs Lyrische Klavierstücke**
2217: Scholz, **Haydns Oratorien**
2218: Schmid, **Mozarts Opern**
2325: Reinhardt, **Geschichte Roms**
2426: Kroll, **Die Hohenzollern**
2434: Petersdorff, **Geschichte der deutschen Lyrik**
2435: Samerski, **Johannes Paul II.**
2436: Nachtigall, **Bionik**
2437: Dreher, **Das antike Sizilien**
2438: Bossong, **Die Sepharden**
2439: Dabringhaus, **Mao Zedong**
2440: Stroh, **Cicero**
2441: Schlögl, **Echnaton**
2442: Hoffmann, **Max Planck**
2443: Sallaberger, **Das Gilgamesch-Epos**
2444: Sommer, **Die Phönizier**
2445: Köhler, **Rauschdrogen**
2447: Burckhardt, **Antike Militärgeschichte**
2448: Conrad, **Deutsche Kolonialgeschichte**
2449: Eichhorn, **Felix Mendelssohn Bartholdy**
2450: Haarmann, **Weltgeschichte der Zahlen**
2452: Leven, **Geschichte der Medizin**
2453: Schröder, **Georg Friedrich Händel**
2455: Huse, **Geschichte der Architektur im 20. Jahrhundert**
2456: Wienfort, **Geschichte Preußens**
2457: Moosbauer, **Die Varusschlacht**
2460: Markowitsch, **Das Gedächtnis**
2461: Alter, **Die Windsors**
2462: Burkhardt, **Deutsche Geschichte der Frühen Neuzeit**
2464: Trabant, **Sprache**
2465: Hedderich, **Burnout**
2466: Maier, **Die Druiden**
2467: Meyer-Zwiffelhoffer, **Imperium Romanum**
2468: Werner-Jensen, **Joseph Haydn**
2469: Strohm, **Johannes Calvin**
2470: Möllers, **Das Grundgesetz**
2508: Schlink, **Tizian**
2509: Zimmermann, **Lovis Corinth**
2554: Reudenbach, **Die Kunst des Mittelalters I: 800 bis 1200**
2555: Niehr, **Die Kunst des Mittelalters II: 1200 bis 1500**
2557: Erben, **Die Kunst des Barock**
2570: Korn, **Geschichte der islamischen Kunst**
2604: Hahn, **Geschichte Brandenburgs**
2608: North, **Geschichte Mecklenburg-Vorpommerns**
2609: Hauptmeyer, **Geschichte Niedersachsens**
2610: Nonn, **Geschichte Nordrhein-Westfalens**
2614: Tullner, **Geschichte Sachsen-Anhalts**